# カレーの愛し方、殺し方♥

手条　萌

彩流社

## ◉はじめに——カレーという天啓

はじめまして。手条　萌（てじょう　もえ）と申します。

トチ狂った名前で恐縮ですが、しばしの間おつき合いいただければと思います。

さて、突然ですが、あなたは何かのことで頭がいっぱいになり他のことが手につかなくなったり、集中できなくなったりしたことはありますか？

恐らくあると思います。たとえば「好きな女の子のことで頭がいっぱいだ」、「明日の会議のことを考えると何も手につかない」……といったところでしょうか。このような経験は誰にでもあることでしょう。

しかし、それが度を超えてしまうという場合、ましてや、それが食べ物に関する場合、食に特にこだわりのない人からすると意味が分からないのではないでしょうか。

イギリスのように、美味／まずいの概念がないといわれている国だってあります。みんながみんな何かの食べ物に対してこだわりをもち、そこに一直線に向かっているわけではないということくらい分かります。分かってはいますが、絶対にこだわったほうが面白い日々を送ることができるのに、とも思うのです。たまたま入った店の味に一喜一憂したり、いただいた差し入れの味に仕事の質が左右されたり……食べ物に興味を持つということは絶対にこの世界をサバイヴしていく大きな手段のひとつであるし、乱暴な言い方をしてみると、やる気が出るか出ないかは食べ物次第なんだから美味いもんよこせということです。

なにも量をたくさん食べたいということではありません。ちょこっとでも高くてもいいから美味いもんよこせや、ということです。これはある意味では、贅沢であるということも重々承知しています。「値段」対「量」対「カロリー」で考えると、明らかにコスパの悪い考え方です。大学時代に、購買の菓子パン売り場の前で男子学生たちが「安くてデカくてカロリーの高いパンを探せー!!!」と息巻いていたのを見たことがありますが、彼らとまったく逆の考え方です。

そして、そのこだわるべき存在としての食べ物というのが、とある一つのものだという場合もあるでしょう。ラーメン王などと呼ばれるのはそういう類の人たちで、ある日天啓のように、ラーメンを「手に入れた」人たちであると思います。私の場合は、それがカレーだった、というわけです。まったく余談ではありますが、私が何かの食べ物にハマった最初の体験は、どこで食べたとかではない、おそらく想像上のブリの塩焼きに思いを馳せたことだと思います。小学校の卒業式の途中、それこそ天啓のように「ブリの塩焼き!」と思ってしまったのです。そう思ってしまったら最後、その日、眠りにつくまでブリの塩焼き(想像上)のことが頭から離れませんでした。

残念なことに、そこからブリの塩焼きにはハマりませんでしたが、ある年の冬には、まったく同じ原理でカレーという天啓を受け、今度はそれを「手にする」ことができました。

はじめにカレーが急に食べたくなった、というところまではブリ塩と同じですが、小学生ではなくすでに大人になっていた私は、実際に自由に食べに行くことができてしまったのです。幸か不幸か食べに行った先で、思っていたような味のカレーを口にできたときの、あの「ＢＩＮＧＯ！　感」（なんやそれ）は忘れられません。

ある日カレーを与えられた、というしかないくらい運命的な、それでいて偶然的なカレーとの出会いは、人生をものすごい速度にまで引き上げてくれました。止まった世界が動きはじめる感覚は、間違いなく今を生きていることを脳に直接語りかけてくれました。

何かを愛する、何かを応援するきっかけというのは、拍子抜けなほど偶然的なのかな、と今では思います。私がカレーを食べに行った先は、たまたまtwitterで見かけた店がたまたま自宅からアクセスが良かったから、という理由のみで決めたわけですが、結果的にそこがカレーにハマったきっかけの店ということになりました。このように、愛するきっかけは偶然であることが多々あるのかなと思います。たまたま出会って、たまたま魅了されてしまったという事実すら、愛の前ではどうでもいいのかもしれません。

もっと現実的な話をすると、カレーはブリ塩よりも多くの種類があったり、体調によって求めている味や感じる味が異なるので、奥行きがありハマり甲斐があった、ということなのでしょう。戦争に発展しかねないので大きな声では言いませんが、きっとラーメンも同じ論理でハマるのだと思います。

私があの時、ラーメンという天啓を受けていたら、私は今頃、カレーではなくラーメンに確実にハマっていただろうと思います。同じ底なし沼でも、私はたまたまカレーの沼に落ちてしまったというだけの話です。

本書は、そんな底なしカレー沼に落ちてしまった、とあるゆとり世代が、カレーについて、そして生意気にも愛について、時に過激に、時に優しく、それなりに一生懸命に語った本です。カレーを食べると、ドバドバとドーパミンがとめどなく溢れ出る、ぶっ壊れた脳ミソを引っさげて書いたので、読みにくいったらありゃしないかもしれませんが、少しでも心に残ることがあれば幸いです。

もくじ

序章
所信表明

# 終わりなき日常を終わらせるための唯一の方法

とにかくカレーが嫌いだった。ではなぜ、このような本を執筆しているのかと疑問に思われるかもしれないが、とにかくある時まで私はカレーが嫌いだった。その理由は大きく分けて3つあった。まずひとつに、ただ単純に、特に美味しいと思ったことがなかったからだ。私の舌がイカレてるのか、はたまた「食事にお金をかけられない貧しい庶民はマズいものしか知ることができない」という大都会のテーゼに飲み込まれているため、世の中に存在するという「美味しいカレー屋」なる場所が見えなかったのかはわからないが、とにかく美味しいと思わなかった。

ふたつめの理由としては、カレーが日常の象徴であるからだ。

やれ母親が作るカレーが愛に溢れているだの、やれ妻が作ったカレーで絆がなんちゃらだの、あまりの所帯染みた感覚に思わず気が遠くなってしまう。多くの人の共通認識としては、カレーは日常と生活感と家族愛の象徴だ。しかし私は「日常」が大嫌いである。終わりなき日常が終わったとされる3・11以降でも、相変わらず面白くもない毎日と、それが行われる学校や家庭のような、大人に勝手に決められた場所と、そこで提供される食べ物の代表であるカレー……というような日常が、ヤマもオチもない物語のようにダラダラと続いている。ヘドが出そうだ。よって、私にとってカレーは、家庭や恋愛を包括した所帯染みた日常を喚起させる、いたって危険な存在だった。

そして、私がカレーをいまひとつ愛せなかった最大の理由。それは、カレーがスノビズムと大きく結びついているからである。本の町・神保町でカレーが有名なのは、一説には本を読みながらでも片手で食べられるから、と言われている。「読書をする自分は賢い→読書をするからカレーを食べる→カレーを食べる自分は頭が良い→カレーは賢い自分を演出できる」という連想に基づき、カ

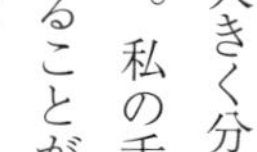

レーが好きだと自称している人がいる事実に腹が立つ。すべての愛は純粋でなければならない。自己を顕示、演出するためだけの道具として、その対象を愛する、否、愛する演技をするというのが、私は世界で一番気に食わない。「神保町でカレーと読書だなんて、通な僕！」のような、食べログのレビュー（別名ノイズ）に不幸にも出くわしてしまうと、彼らのその「不純な愛」を無意識に呪ってしまう。そもそも片手で済ませる食事は軽いものであるべきだ。サンドウィッチ伯爵を見習え。と、いうわけで「読書もしたいけどガッツリ食事もしたいだなんて、あらあら、欲張り屋さんなんだから☆」などと寛容になる余裕のない私は、スノッブな彼らに知性のシンボルのように扱われているカレーを嫌うことになってしまった。坊主憎けりゃ袈裟まで憎いし、スノッブにムカつきゃカレーにまでムカついていた。

母性や日常の象徴であるのに、それらと相反するような思想の象徴でもあり、皆が好きなものであるのに、好きだとステイタスにもなるカレー。そんな何者だかわからない節操のない印象から、カレーに対して、今ひとつ信頼は抱けなかった。

## ♥カレー好きのタイプ

私がカレーを愛せなかった以上の理由から、カレー好きにはいくつかのタイプがおり、カレーの内包する思想にもさまざまな種類があることが推測できる。

①日常至上主義

②スノッブ
③でっしゃろ系
④dancyuおじさん
⑤オーガニック
⑥身体的ジャンキー

である。

こいつらは一体、どのような思考の特徴を持ち、どのような論理でカレーを好きだと言っているのだろうか。順を追って見ていこう。

## ♥①日常至上主義

カレー好きにおける日常至上主義とは、先述の通り「母親の作るカレー」を、それが象徴する日常への賛美を含めて愛している存在である。カレーはおふくろの味、つまり、家族の結びつきを再確認するメニューというイメージは、ルゥを販売している食品会社のCMによって形作られているというのが大きいだろう。「母の日にカレーを作ろう!」などと、子供たちとお父さんが協力して、お母さんのためにサプライズでカレーを作っているような類のCMはおそらく誰もが見たことがあるだろう。そして、そのような形でカレーが家族団らんに作用しているというのは多くの国民の共通認識として深く根づいていることと思う。

しかしそもそも私は、カレーを母親の愛情、あるいは彼女から彼氏への献身のシンボルとして扱われていることに対して疑問を禁じえない。その理由は、実際にカレーとは市販のルゥを使用して作る場合、別にそこまで難しいものでもなく時間がかかるわけでもなくオリジナリティがあるわけでもない料理だからだ。かかった手間がそのまま愛情を推し量る材料になりえないとは百も承知だが、たかだかカレーを作るというだけのことで愛情を表現できるかもしれないと思うこと自体が少々強引ではないだろうか。愛情が溢れた結果、形として出現したものがカレーだというならばそれは本来の愛だと賛成できるが、もしも仮に各社のCMなどを真に受けて「カレーは愛情料理の代表だから、なんかあったかいから好き〜」などと言ってしまうようなヤツがいるとしたなら、メディアリテラシーは皆無だわ、自分が愛されたいから無理矢理にでも愛を表現したいというエゴイズムが先に来てしまっているわで、申し訳ないが救いようがないくらい愚か者だと思う。そして、この程度で「私は家族（恋人）を愛してる」という根拠になると本気で考えているとしたなら、何とまあ、チープで下世話な愛情だろう。少なくとも私は、近所のスーパーで材料がすべて揃う愛を信じる気にはなれない。

## ♥②スノッブ

こちらも先述の通り、偏屈なヤツらだ。残念ながら、ドエラく斜に構えたカレー好きというのが存在するのである。ミーハー層を勝手に敵視し、見下し、食べログで「通な僕」アピールでドヤることに精を出している団塊の残党、神保町で古本のページをめくりながら片手でカレーライスを食す自称「世間と上手くやっていけない繊細だけど頭の良い僕」（本当は図太いくせにね！）、「インテリはカレー好き」と信じてやまない自称物書きなど（本当は真面目に働いてないだけなのにね！）、愉快な仲間たちが勢ぞろいである。彼らにとってのカレー店とは、スタバにてMac Book Airでドヤってるノマド（死語）とまったく同じで、利用している店もオーダーしたメニューも、「好きだから」、「行きたいし食べたい（飲みたい）から」という理由で選択されたものではなく、本来以上の自己の能力を表現するための舞台装置以外に他ならない。

カレーがインテリの記号を持つことは、極めて危険である。本来の頭の良さなどとは無関係な、見た目や雰囲気が賢そうな者でなければ、神保町カレー店には入りにくくなるからである。彼らの中では、インテリ以外のチャラチャラしたミーハーは、神保町スノッブカレー店には来ないことになっているのだ。いくら神保町カレー店にて自分の知性をかさ増ししてひけらかそうが私の知ったことではなく趣味の範疇なので構わないが、彼らの排他性は、アカデミズムとは無関係な層が、自分たちのテリトリーであるカレー店に近づくことを許さない。昔、私が村上春樹を読んでいたら、友人に「春樹は私のテリトリーだから読まないで」と言われたことがあるが、その台詞をお借りするならば「ボンディは俺のテリトリーだから来ないで」というところだろうか。私だってそこまで好きではないにしろ春樹を読みたくなるときくらいあるし、いくらそこまで美味しいと思っていないにしてもボンディに行きたいと思うことくらいあるのである。その自由を奪う資格は誰にもないはずだ。スノビズムは他人に迷惑をかける。よって私はスノップカレー好きのことを無条件に歓迎することはできない。

## ❤③でっしゃろ系

　さて、でっしゃろ系という人々も存在する。簡単に言うと、知性のないスノッブである。勉強不足であるにもかかわらず自己顕示欲だけは異常に強い。あれだけ憎んでいたスノッブが、もはや可愛らしく見える。

「カレー大好き！　奥深いもぉん。インドにハマってるんだー☆ヴィレバンのインドのコーナー良いよね！」

「あたし、みんなからはちょっと変わったものが好きだねって言われるよぉ〜。そうかなあ？　確かにハヤリとか、キョーミないし〜。ファッションも独特かもぉ〜」

　という「私、可愛いのに個性的でっしゃろ女」が、自分を変わり者に見せる演出の一環として、カレー好きを名乗る。彼女らにとって、基本的に演出の小道具は必ずしもカレーでなくても良いのだ。別にブラタモリでも太宰でも下北沢でもミニシアターでも中央線でも江頭2:50でも、何でも良い。「可愛いのに変わってる私」を演出できるなら本当に何だって構わないのである。

　そして、あわよくば「そんな変わった私を愛する彼」の登場を願いながら、口では「普通の男の子や恋愛には興味がな〜い」とほざくのである。彼女らが、自らのその願望がすでに普通の恋愛願望であることに気づいているのかいないのかは絶妙に精密に計算された上で表現されているので、私のようなボンクラには知る由もないし推測も不可能であるが、彼女らが恋愛に飢えていることは間違いないし、少なくともそのことの自覚はあるのだろう。SNSなどで妙に非処女アピールなどをしてきたりする。誰も聞いてないし、興味もないにも関わらずだ。

さらに恐ろしいことに「そんなでっしゃろ女を理解できる僕すごいでっしゃろ」という男性もいらっしゃる。妙にバランスが取れているのだ。ある種、恋愛も含めた日常至上主義とも言える。勝手にヨロシクやっててくださーいと思う一方で、カレー好きはビッチと思われるのも嫌なので、あまり盛《さか》らないでほしいというのが私の本音である。

## ♥④dancyuおじさん

さて、高所得層には美食家という人々が多数存在する。彼らの中には多くのカレー好きがいる。美食家たちは、『dancyu』をバイブルに夜の街に繰り出す。『dancyu』とは、DINKS層など可処分所得の多い大人をターゲットとしている雑誌で、掲載店は高級指向のレストランや料亭が多い。「グルメを自称している人で『dancyu』を知らない人はモグリだ」などとおっしゃるカレー評論家様もいらっしゃるようである。

が、私は正直なところ、『dancyu』をはじめとしたグルメ雑誌のノリを気持ち悪く思う。「何を食べているか」ということで、その人の経済的、人間的評価が決定されるというような価値観が有効な時代はとっくに終わっているのだ。グルメ雑誌とは、自らの社会的ステイタスを見せびらかして自慢するための、マッチョなオールドメディア層に信奉されているだけのオワコンであると私は思っている。いいものを食べてることをステイタスにし、それをわざわざ見せびらかすというのはバブリーで時代錯誤でしかない。

美食家の代表的存在、堀江貴文がオープンさせたグルメアプリ「TERIYAKI」は、「安うま」「高

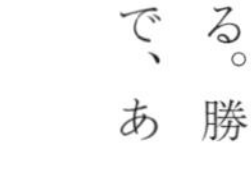

うまい」と、価格帯によってカテゴライズして、さまざまなジャンルのキュレーターにより店が紹介されているというものである。『dancyu』も「金持ち肉料理VS庶民の肉グルメ」という特集を組んだことこそあるものの、毎回、食事の価格の高い・安いということを対立させる構成ではないため（しかも金持ちと庶民という表現も、食事そのものの価格ではなくそれを選ぶ人の属性についての話になっているし）、「安くても高くてもいいから美味しいものが食べたい。でも今日は安くて美味しいものから探したい」という、読者のニーズや実用性に応じたものとは言いがたい。ここが「TERIYAKI」と『dancyu』の相違点だ。「TERIYAKI」の存在からも、値段はかつてほどの意味を失っており、味や食べたいと思わせる何かに最も価値が置かれていると解釈できる。食べたいものへの愛に忠実であれと諭す存在として考えるならば、『dancyu』自体には何も問題はない。ところが残念なことに『dancyu』は、このような実際のDINKS層の現実とは切り離されたフィクションであり、手っ取り早くええもん食べてまっせマル金でっせ（死語）アピールをしたいという自意識によってのみ支えられている存在である。

かつて、うっかり間違えて意識の高いカレー会にまぎれ込んだことがある

ちなみにこの雑誌のタイトルは、あくまで「男子」厨房に入るべからずなのだ。深い意図のない、言葉遊びの範疇だとは思うが、共働きで子供を意識的に作らない層の食生活、およびライフスタイルの参考書というよりは、社会の中で生き、好きな

食べ物を外食したい女性の存在を抹殺することで、おっさんのおっさんによるおっさんのためのメディアに成り下がっているとも言える。往々にして、女性が意志を持ち、好きなものを見つけることをオールドタイプの男性は許さない。だからジャニヲタをキモイとなじったり、腐女子に眉をひそめる。つまり同じように、女性が自由に外食することも心のどこかでは好ましく思えていないのではないだろうか。

DINKS層の人たちや可処分所得の高い人々を別に嫌っても呪ってもいないが、彼らがその他の人々に比べて地位が高いとは思ったことがはないのと同じく、男女のどちらか一方が優れていると思ったこともない。つまり自分の人生を賭して働き、食べたいものを食べるという行為に、男女の差はない。食事にお金をかけること＝働く男子の特権という、ふざけた方程式は成り立たない。

余談ではあるがもしも仮に、未婚、あるいは自由恋愛主義の男性が『dancyu』的食生活を必要とすることがあるとしたならば、その時はおのずと高級な食事を餌にオネーチャンとメイクラブが目的ということになるではないか。一体どこの『東京ペログリ日記』だよ、やすおちゃんかよと言いたくもなるほど、食べ物で経済的ステイタスを表現するということは、とにもかくにも不誠実で古くさすぎるのである。

## ♥⑤ヘルシークソ女

腹が減っては戦《いくさ》はできない。では、戦とは何だろうか。私は戦とは、自分の自己実現を、何か他

の人やものに依存しないために、尽くす努力のプロセスすべてのことを呼ぶのだと思っている。すなわち現在の社会では、戦とは勉学や労働と換言できる。

そして、勉強したり働いている、頑張っている人にとって、食事はすべての原動力なのだ。食事をしないと頑張れないし、厳しい競争を生き残ることができない。自分の居場所を作ったり社会の中で生きるための、根本的な解決法は働くことである。子（＝ホリエモン）、曰く、「働いてさえいれば一人にならなくてすむ」のだ。

それならば頑張らないわけにはいかない。ボヤボヤしているわけにはいかない。24時間コミュニケーションだけで時間をつぶすことで、部屋の中で何となく生きていくわけにはいかない。あるいは、ただ、綺麗なお人形さんなだけで生きていける世界なんてない。アイドルだってかわいいだけじゃ務まらず、必死で努力をすることでしか報われない。かわいい人ですらそうなのだから、いわんや、クリーチャーのような私をや。頑張るにはエネルギー、すなわちカロリーが必要なのである。食べないわけにはいかない。

ところがヘルシービーガン系の方々は、我々が好きなものを食べているとすぐに「油っぽいからダメ」だの「人間は動物性のものを食べなくても生きていける」だの「肉食は環境破壊につながる」だのなんだのおっしゃる。そしてカレーが好きだとか言いながらも、ベジ系のカレーしか食べない。そりゃー、ヘルシー左翼ども……おっと失礼、食に対して意識が高くいらっしゃる方は、カロリーが必要なほど頑張らなくてもいいのだろう。働かなくてもいい。家賃を払う必要もない実家暮らしのみなさんは、野菜だけでやっていけるのだろう。

ただ、我々は戦うことを選択したソルジャーである。腹が減ったからといって、植物性のものばかりで腹を膨らませただけで戦えるほどこの戦はヌルくない。腹を膨らませるだけのものは食事ではない。エサだ。我々は家畜ではないので、エサを与えられるだけではお役に立つことができない。カロリーをガンガン使って働きたいのである。私は、つまりアンチヘルシー、働くために(上質の)カロリーが必要という点では『dancyu』的価値から大きく逸《そ》れてはいない。しかしながら、そこから「男子厨房に入るべからず」などと、無意識下で女性の存在を抹殺されていることと、ファッションとして、そして見栄のために食事が使われることが、生理的に耐えられないのだ。

そして私がヘルシービーガン女をはじめとした、食に対して意識が高い信者の方々にムカついている理由は、自分たちの食べたくないものを食べない自由は押しつけてくるくせに、私のそれは完全に無視、それどころか、徹底的に糾弾してくることである。

## ♥⑤身体的ジャンキー

さて、私が陥ってしまったのはこれである。

きっかけは、

「おいしすぎてスプーン持ったまま気絶してた 桜新町サウェーラのカレーは世界一やで・・・」という、イラストレーター・ヤスダスズヒト氏のつぶやきだった。もちろん比喩だが私は「スプーンを持ったまま気絶する」という身体的な反応に憧れた。どんな美辞麗句を並べて、どんな表情をして見せられるよりも、同じ体験をしたいと思った。なんでも良いからとにかくぶっ倒れてみたかっ

たのかもしれない私は、急いでサウェーラに足を運び、物心ついてはじめてナンとカレーを食べた。……ぶっ倒れるかと思った。あの時、これまでの不幸がすべて報われた気がした。今までの大嫌いな日常を捨てて良いと言われた気がした。

私は、大人から与えられた場所や日常から逃避してきた。恐らくもう二度と戻らない。同時に日常至上主義的カレーとも別れた。子どもが好きな母親の味のカレー、彼氏が彼女に作るカレー、家庭の象徴であるカレー、高級ホテルのカレー……だから、カレーは大嫌いだった。大人に決められたカレーなど大嫌いだった。だからわたしは、このようにして、自分だけの力で、勝手に見つけたカレーを好きになった。一度は別れたカレーと、青年期に再びこのようにして出会ったのだ。まるでユースカルチャーの構造のようである。これは私にとって成熟するためには必要な過程だった。こうしてカレーと個人的につき合うこととなった。

もう、いても立ってもいられなくなった。ダイエットなんてどうでもいい、栄養が偏ってようがどうだっていい、国境や国際情勢のことは最初からどうでもよかったが、さらにどうでもよくなった。好きになるはずのなかったカレーとは、こうして出会った。それ以来、身体のほうが先にカレーを求めた。私は、完全にスパイスにヤラレた目を最大に吊り上げて、夜な夜な神保町を徘徊した。ある時から、カレーがないとイライラしてしまうようになった。驚くべきことに、「とにかくスパイスで『身体』を感じられれば、いっそ味なんてどうでも良い」とさえ思うようになった。味が良くて倒れそうになれればなお良い。ナンが甘かったらさらに良い。腸を通過するときにキリキリするのも、それもまた良かった。

身体的カレージャンキーとは、身体のほうが先にカレーを求めてしまう、ということである。それは、でっしゃろ系とは対極にある純粋な欲求である。そして、限りなく自傷に近くもある。ただただ、生を感じたいのだ。

## ♥コピペカレーに期待するな

一口にカレーと言ってもさまざまな種類がある。言うまでもなく、このようなカレー好きは、必ずしも全員が同じ種類のカレーを好むわけではなく、それぞれ好むカレーのタイプが異なる。ここで、どのような層がどのようなカレーを好んでいるのか簡単に分析する。

日常至上主義層は、当然のことながら母親の作るカレー、自炊のカレーが好きである。具の違いや市販のルゥのチョイスや、それらを複数使用して混ぜ合わせる比率などの違いをその家庭ごとのオリジナリティだと信じて疑わない。この「正当な手順」を踏まえて作られるカレーは、特に面白みもなく、保守的であり、悪く言えば特徴のない、よく言えば絶対に失敗しない普通のカレーである。

スノッブ層は神保町の、神保町カレーの特徴であるカレーライスと蒸しジャガイモの組み合わせに陶酔する。「神保町」を表現しようとすると、ジャガイモの丸蒸しに依存する以外に手がなくなってしまうため、だいたいどの店も似たり寄ったりのこの組み合わせで提供される。これが神保町カレーの限界である。なぜ、この現象が気味悪く感じられるかというと、何食わぬ顔でカレーがコピペされており、成立してしまっているからである。これはどういうことか。コピペが有効なものはたとえば「二大国民食」として、カレーと比較されて語られることの多いラーメンがある。おそら

く次に戦争が起こるとしたら、ラーメン派VSカレー派の議論が発端となるかもしれないほど、両者の思想や嗜好、食への姿勢は異なっている。

カレーとラーメンの一番の違いは、それらを「コピペ」するときに、もっとも明らかになる。ラーメンのコピペの中にはrespectや愛、革新性があるのに対し、カレーのコピペは完全に思考停止であり、不純な思惑が透けて見えるということだ。このことについて、詳しくみていこう。

ラーメン好きたちは、良くも悪くもあまり「開拓」しようとしない。彼らは、自分の好きな味を一度見つけたならば、何度もその店に通いつめる。そうしてどんどん行列が伸びていく。まれに自分好みの味の新しい店を開拓したとしても、その店が元々自分の好きな店の味やメニューをフィーチャーした店であることが多い。それがいわゆる「インスパイア系」だ。インスパイア元となっている代表的な店舗が「ラーメン二郎」である。少し前までは、二郎の店舗形態やメニュー、味に触発され、それらに似せたラーメン屋が爆発的に増えたという、ある種の二郎バブルであった。

しかし、そもそも弟子入りして修行を積んだ後に巣立っていき、自分の店を持つ「のれんわけ」のようなプロセスは、ラーメン界だけでなく飲食店において昔から用いられているシステムだ。ところがインスパイアという名のコピペと、この伝統的系譜は一見すると似通ってはいるが別物であることに注意しなければならない。インスパイアは、二郎が好きでたまらないから似せたい(だけど弟子入りしたくはない)という「敬意」により、あるいは「二郎っぽくしとけば売れるっしょ」という邪念などのさまざまな理由により、元のまま再現をしてみたり、別の種類のラーメンや他のジャンクフードとあわせてみたりすることによって生みだされるのだ。そして、インスパイアした

典型的神保町カレー。蒸したじゃがいもと共に提供されるスタイル

いと思わせる〝何か〟が元の店舗にはあるのである。それはつまり、インスパイアする側の店舗の「似たようなものを食べたい」といった食に関して保守的な姿勢と、真似したいくらい特徴的なインスパイアラーメンを欲している革新性の両面を併せ持っているということである。

一方、カレーのコピペはどうであろうか。カレーは各家庭によって味が違うといわれたり、国によってまったく形態が違ったり、同じ国だとしてもガラムマサラがその日の家族の体調や天候等によって調合が変えられるとのことからも、テンプレートでありなおかつ特徴となるものが存在するとは考えにくい。本来カレーは、コピペするようには作られていないのだ。

では、蒸したジャガイモが丸ごと出てくる神保町界隈のカレー屋が存在するのは、なぜだろうか。神保町界隈でこれがコピーされ、ペーストされている。「ボンディ」だろうが「エチオピア」だろうが「ペルソナ」だろうが、丸ごと蒸したジャガイモがついてくるのである。願ってもないのに。

他にもカレーで推奨されないコピペをしてしまっている例がある。たとえばゼロ年代前半に起こった北海道スープカレーブームが、いつの間にか終焉してしまったことを思い出してほしい。北海道スープカレーはベースとなるスープと具を組み合わせる。また、カレーチェーン店は、テンプレートとなるカレーにトッピングしてメニューを量産している。そして言うまでもなく、チェーン店はカレー以外においても、インスパイアを建前にパクリ……もとい、コピペし放題である。どこの店舗でも同じ食材を使って、マニュアル化された調理手順にのっとり、どこでも同じ味で提供されていくのである。

新興B級グルメブーム、ご当地グルメとしてのカレー、神保町をカレーの街に仕立て上げたい悪い大人どもの思惑により蒸されるジャガイモたち……。実際に現在、このようにたくさんのところでカレーがコピペされている。しかし、その中に、衝撃はない。データベース化するカレーに魅力は感じない。もし、脳天ブチ抜かれるようなカレーと出会いたいなら、コピペの中に期待するな。

## ♥カレーの限界

カレーは一瞬にして、日常を非日常に変える。稲妻のように身体の中を駆け抜ける南インド系のカレーなどは特に、日常にはない味だ。カレーとは、人生を変えてしまう魔法のような存在だ。しかし、失効する場合もある。それはどのようなときなのだろうか。

たとえば「お笑い」から、カレーの失効を読み取ることができる。お笑いにおいて、笑いは、日常や常識を絶対的な基盤とし、常識外れなボケをツッコミが否定し、常識を再確認する作業によって生まれる。だからこそコンビ芸で一番主流なのは「日常しゃべり系」と称される、普段のおしゃべりの延長のような漫才である。たとえシュールなボケだとしても、コンビである限りツッコミが力づくで日常に戻してしまう。ごくまれに、笑い飯のように二人ともが日常の軸から浮いているようなネタを作る者もいるが、それでも「日常」が大前提となっていることには変わりない。

　また、「あるある」という類の笑いもある。「こんなことあるある！」というように、共感できることを提示されると、我々は笑ってしまう。なぜか。それは「あるある」は大いなる日常であるからだ。人間にとって、日常は一人で背負い込むにはあまりにも危険なほど退屈である。そのため、より多くの人と分け合わずにはいられないのだろう。そしてその日常は、自分の力でどうにかできることはあまりにも少ない。人は、どうにもできないことに出会うと笑うしかなくなる（そうでなければ、オチのないものまね芸で、瞬間的に笑う理由の説明ができない）。だから我々は、「あるある」で笑いたいのだ。これは本能だ。シュールな物語を日常に戻す役割であるツッコミのいないピン芸人は、常識の判断をすべて観客に委ねている。それゆえウケにくかったり、非実在（あるいはそれに限りなく近い）キャラクターに扮することが多くなる。

　以上のことを念頭に置いて、お笑いの中でのカレーを考察しよう。たとえばコンビであるシャンプーハットのネタの中に、

「君、何でも食べる子が好きなの？　俺、ナンだけ食べる子が好き」

「何でカレーつけんと、ナンだけ食べるねん」


というくだりがある。これはナンはカレーにつけて食べるものだという常識の上に成立しているネタであるため、その常識が破綻している者には笑うことができない。つまり、ナンだけ食べるこ

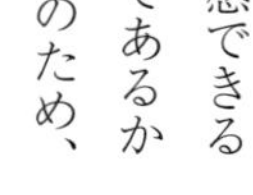

とが、取り立てておかしいとは思わない私はすでに、このネタの外部の常識的存在になることができない。

しかし、ピン芸人である中山功太の映像ネタ「カレーライスの限界に挑戦！」において、彼は、カレーを靴や自転車に盛りつけたり、墨の代わりにダルマの目を書き入れるのに使ったり、心霊写真のように写真に映り込ませたりしている。この場合、我々はコンビ芸よりも常識から外れた場所で笑うことを許されている。言い換えると、ナンだけ食べるよりも絶対にありえないカレーの食べ方を提案している（ナンとライスの違いを考慮しても、だ）。彼のネタは、シュールと評されることが多いが、私は超現実主義的というよりは、あらゆるものへの否定の意志を感じさせられた。カレーの食べ方や定義をありえないものとすることで、日常の否定だけでなく、スノビズム、俺ってすごいでしょという自意識、身体的依存願望のカレーに由来するすべての感情と反応を否定し、皮肉るそのシニシズムの前では、カレーは力を失ってしまう。まさに、カレーの限界だ。あるあるを前に笑うしかなくなるように、カレーが力を失ってしまうシニシズムの前でも、我々は笑うしかなくなる。

また、あるあるという日常の誘惑を耐え抜いたとしても（あるあるで笑えるくらいの常識を備えていたり、日常を生きているならば）カレーは有効であるが、その後に突如として現れるシニカルな類の笑いの前では、カレーは、その日常を非日常に変える力を笑いに取って代わられてしまう。

それでもさまざまな芸人のネタの中で、あるいはテキストの中で、何度も何度もカレーがテーマにされるのは、常識の肯定や確認にしろカレーを失効させる意志にしろ、カレーと向き合わないことは許されないことを示している。誰にとっても、どのような思想を持っていても触れることを許されるメニューというのは、つまり逆に言うと誰にも逃れることはできないということである。

## ♥日常を終わらせるものは純粋な愛しかない

今思うと、怖かったのだろう。カレーに夢中になってしまうと、底がないことは分かっていた。あるいは、カレーを愛する人の目が語る希望に圧倒されていたのかもしれない。だから私は、たかがカレーのことで日常を罵倒し、スノッブを憎み、でっしゃろ系を呪い、『dancyu』を批判し、ヘルシーな人々を遠ざけることで、カレーを警戒していた。今となっては正直、たかだかカレーのことで、よくもまあこれだけ威勢よくあらゆる方面に喧嘩が売れたものだと、我ながら呆れている。だからカレーが力を失うシニカルな笑いの中でしか生きられなかった。

カレーの失効で遊べるなら、カレーやカレーが孕むすべてを否定する意志を持つことができる。それができない私は、カレーに気づかないふりをしていた。しかしついに思考が意味をなさない身体的なレベルでカレーに捕まえられてしまった。やはり、カレーからの逃走は許されなかったようだ。

誰もカレーからは逃げないし、逃げられない。だったら私は、カレーを肯定し、愛し抜くことに決めた。

今は、私の目は希望を語っている。今は、カレーは私の言葉となっている。もう大嫌いな日常は、

カレーという言葉を賜った時に終わらせることができたようだ。カレーという言葉を得てから、たくさんのことがあった。たくさん人と出会え、たくさんの愛を語ったのだと思う。あれからいろいろなことがあったけれど、私はもしかしたら、かつてあれだけ傷つけた自分をやっと愛しはじめているのかもしれない。

それでも愛とはどういうことなのか、純粋に好きだという気持ちはどういうものなのか、ずっと自分なりに考え続けてきても、その時々によって答えは水のように形は定まらなかったし、いつの間にかそんなことも忘れてしまうように日々をせわしなく過ごしていくようになった。就活を期にバンギャをやめた友だち、就職してドルヲタを辞めた青年、大学卒業以来コミケに行かなくなったあの子、昔ジャニヲタだった女の子、そして、もう何ヶ月もお笑いのライブにいっていない私。こうしてみんな大人になっていくんだと思う。悲しいけれど、愛を忘れていくことが大人になっていくことなのだろう。

大学生のとき、何かの授業で、教授の「娯楽は労働の疲れを癒す、いわば資本主義のカンフル剤」という言葉に噛みついたことがあった。いや、違う。娯楽は生きる目的そのものなんだと本気で思っていた。あの頃は好きなものがあるというだけで、生きていることを感じていた。しかしある時点から、平日の夜は疲弊して動くことはできないし、土日がやってくると「毎日あんなに頑張ってるんだからいいよね」という理由をつけて別にそこまで読みたいわけでもないマンガを買ったりするようになった。惰性で。あまりの意識の低い消費をくり返す日々のなかで、本当に娯楽は労働の疲れを癒すためのものなんだなあと実感した。あの日の自分は間違っていたことを恥じると同時に、愛なんてもう失くしてしまっていることに気づいて絶望していた。

もう、ちょっとやそっとのことでは心は動かなくなっている。いろいろなことがありすぎて疲弊した精神は、シラけつつノり、ノりつつシラけるような構造の娯楽にはマジになれない。そして自意識がこじれていき、好きでもないものを好きだといわなければならないハメになる。世の自意識産業にまんまと躍らされ、別に使いやすくもないMacのキーボードを叩き、聴きたくもない音楽を聴き、行きたくもない町に、見たくもない映画のために行かざるを得なくなってしまうのである。そして残念ながらそれを日常と呼ぶ。しかし唯一、大人になってしまった私たちの心のトビラを強くノックするものがある。メタな姿勢を許さないもの、マジになれるもの、それは食、私にとってはそれはカレーだった。

カレーに出会うまでは何にもマジにはなれなかった。何を隠そう自分こそ、どうしようもないでっしゃろ女で、今まで読んだことも見たこともない、本当は一つも意味が分からないナンセンスな漫画や、映画や演劇に理解があるフリをしてアングラぶってたりもしなかったわけではない。しかし、神に誓って私は、カレーにだけはマジだ。純粋に愛だけに基づいて行動している。あの日のサウェーラで私は生きる理由を思い出した。好きなもののために生きるんだ！　そして、別に好きでもないものを好きなフリをすることがどれだけ辛かったのか、良く分かった。自分をごまかして、心を明け渡すことは辛くてたまらなかった。だから、本当に好きなものさえ見つかってしまったら、人生は段違いに面白くなることを伝えたかった。

これは思い出すたびに言っていることなのだが、以前、偶然見ていたスポーツニュース番組の浅

田真央選手の特集で、浅田選手と同い年の若者に話を聞く街頭インタビューのコーナーがあった。マイクを向けられた女性が「私も真央ちゃんにとってのスケートを早く見つけないといけない」と涙を流しながら回答していたことが印象的だった。この話を、同世代の友人にしたところ、友人は「真央ちゃんにとってのスケートは、私にはないんだと思う」とつぶやいていた。

冷静に考えて「浅田選手にとってのスケート」など全員に見つかるわけではない。むしろそれが見つけられる人は本当にラッキーで、そういう人が世界に羽ばたいていけるのだろう。だから見つからなくても仕方ないし、それは当然である。しかし「真央ちゃんにとってのスケート」というのは、ものすごく簡単な言い方をしてしまえば、「本当に好きなもの」なのだと思う。おそらくキャンドル・ジュンにとってのロウソク、ムツゴロウさんにとっての動物、堀江貴文にとっての労働……そしてこれらのように利潤を生み出すような愛でなくても構わない。音楽が好き、ダンスが好き、アイドルが好き、勉強が好き、お笑いが好き……何だって構わない。好きなものには、何度だって救われる。身に覚えのある人は多いはずだ。

注意すべきなのは、自己顕示のための愛によって救われることはない、ということだ。自己顕示欲のための愛は、その場ではものめずらしさゆえに構ってもらえるかもしれないが（ドン引きと敬意によるまなざしは似ているので勘違いしてはならない）、後々自らの首を締めつけることになる。せめて嘘偽りなく、純粋にただ好きだと思う方向に心を任せてみることも大切である。誰かに馬鹿にされることを恐れさえしなければ、きっと見つかるし、人生は一気にスピードを増す。私にとってのスケートのようなものはカレーだった。スケートのように努力が必要なものでもないし、それで誰かを幸せにできるわけでもないし、国のためにもならないし、結果を出す類のものではない。好きなものが正しいわけでもない。自分が楽しいだけである。独りよがりの愛はいろいろな理由で散々馬鹿にされ叩かれたりもしたが、周りのことが気にならないくらい好きなものが見つかるというのは、本当に幸せだった。

だからもし、自分の何かへの愛が、「何か違う」と思う人がいたら、勇気を出してほしい。好きなもので格好つけることを断念する勇気を。好きでもないものを好きだというのは、もうやめにしてほしい。そして本当に好きなものから目を背けて嫌いだというのも、終わりにしてほしい。

私たちは、そろそろ愛を取り戻す段階にきている。

# Ⅰ章

# 誰がカレーを殺すのか？

## コンセプトカフェのカレーほど存在している意味が分からないものはないね

キャラクターカフェや、期間限定でキャラクターとのコラボレーションをするカフェが増えてきている。前者は常設系で、後者は企画系と言えるだろう。三鷹の森ジブリ美術館の「カフェ麦わらぼうし」や、藤子・F・不二雄ミュージアムのカフェ、ムーミンカフェは常設系で、六本木ヒルズ展望台でのPokemon the movie XY展に合わせてオープンされていたピカチュウカフェや、ドラえもん映画上映を記念して、期間限定でドラえもんとのコラボをしていたタワーレコードカフェなどは企画系だ。

ピカチュウカフェ

ムーミンカフェ

タワーレコードカフェ

いずれもカフェというだけあって、コンセプトに沿ったデザートやドリンクなどがメニューにあるのだが、それらのメニューに紛れて、たまにカレーを見つけてしまうときがある。

コンセプチュアルなカレーは、見た目が圧倒的に可愛い。

先日、タワレコカフェでいただいた「ドラいカレー」なんて、それはそれはもう愛くるしかった。可愛さにつられ、そういったコンセプトカフェにてカレーを見つけたときは、ついついオーダーしてしまう。

しかし、これが必ずと言っていいほど、そこそこまずい。ものすごくまずいほどではないが、そこそこまずい。絶妙にまずい。

そもそも、だ。よく考えてみると、コンセプトカフェでなくても、普通のカフェのカレーからして、存在している意味が分からない。カレーを食べたいと思うくらいならカフェではものたりないと思うし、くつろぎたいのでカフェに入ったのならば、カレーなど頼んだら落ち着かないのでは？と思ってしまう。（余談だがこの論理で、カレーを食べながら読書をしたいというのも私はちょっと賛同しかねる。どっちかにすれば良いと思う。カレーの汁が紙面に垂れる可能性についてはどうでもいいのだろうか?）

コンセプトカフェであろうが非コンセプトカフェであろうが、そこが定食屋やカレー専門店でなく、カフェである限り、大切なのはメニューや、ましてやその味などではなく、その空間である。ディズニーランドのように「価値観にお金を払わせること」を目的にしているのは明らかである。味はもはや意味がないというのもわかる。大切なのは雰囲気だ。しかし、雰囲気や世界観、キャラの可愛さに依存したところで、まずいものはまずい。そして、キャラクターが可愛ければ可愛いほど、まずい場合、辛い気持ちになってくるので、一刻も早くやめてほしい。雰囲気を作る役割を、何もカレーにも背負わせることはないと思う。コンセプトカフェのカレーほど存在している意味が分からないものはない。雰囲気を作るためには、明らかに味への評価という視点自体が邪魔であるので、一刻も早くメニューからカレーを外すべきだ。

## ゾンビの殺し方

【愛】
そのものの価値を認め、強く引きつけられる気持。
（『岩波　国語辞典　第四版』より）

殺したはずのものがゾンビのように何度も蘇ってくることはよくあることで、私はまたまたそいつを葬り去らなくてはならならなくなった。何度も試みてはいたのだが、なかなか上手くいかなかったようだ。と、いうのも、ゾンビを擁護する方たちに気を遣って、全力で戦えなかったのだ。ゾンビを殺すための文章を書いては消し書いては消し……を繰り返していた。もはやお経である。なぜならば、もし私がゾンビを今度こそ天に召すことに成功してしまったとしたら、ゾンビを擁護している方たちはまるで戦死した恋人を想う少女のように悲しむだろう、と思ったからである。

ところがそんな気遣いはまったく無駄だったことが分かってしまった。ゾンビ擁護派には、ゾンビを擁護している自覚や覚悟、プライドすらないのだから。

そうと分かれば、宣戦布告する。今度こそ私は、あなたたちが無意識下で擁護している日常（ゾンビ）を皆殺す。


外食を愛する人がいれば自炊を愛する人もいる。私はそのこと自体に異論も反論もない。ところが自炊を愛する人は、外食やそれを愛する人に言葉の刃《やいば》を向ける場合がある。「外食ばかりしていると生活習慣病になる」「外食が好きな人は家庭的でなく日常を愛していない」「何もない日でもご飯をつくるだけで素晴らしいんだから頑張りなよ」「外食には放射能が～、農薬が～、こどもたちのために～」などの言葉を頂戴することが多々ある。

では、あなたがそのような言葉で煽ってくるならば、こちらも反論させていただこう。自炊を愛することは大いに結構だ。しかし、だからと言って、外食への愛を否定することは許せない。それくらい私は外食が好きだ。愛している。

そして私は日常が嫌いである。「現実」は好きだが「日常」など大嫌いだ。しかし現実は好きだ。よく勘違いされるのだが、私は現実は大好きなのである。現実とはたとえば、お笑いのライブは現実に渋谷で行われているし、私が霊長類の中で一番愛している千原ジュニアは実在しているし、大好きな映画監督は現実に映画を撮って公開してくれているし、チバユウスケの歌声はヘッドフォン越しだけれど実際に私の耳に届くし、自分の行動で仕事は動くし、そして何よりｍａｙａのカレーとナンは高田馬場に実在している、などという事実そのものだ！　……ああ、外食も現実である。本当に楽しい。完成された料理が運ばれてくるときは、ライブが始まる直前に客電が消えてSEが最大音量になるときとまったく同じ気持ちであるのだ。生きてる、生きてて良かったと心底思う瞬間。こんなに最高な瞬間を含む現実を、どうやって嫌えと言うのだろうか。甲本ヒロト的に言うならば「生きてる事が大好きで意味もなくコーフンしてる」状態であろう。おかげさまでリアルは充実しまくっている。

　ところがあなたのおっしゃる通り、外食が好きな私は家庭的ではないし、日常など愛していない。日常とは、生理臭いものすべてである。こんなことを言うと「何を言い出すんだこいつ、とうとう気でも狂ったか？　あれ、元からか」とお思いの方もいらっしゃることだろう。少し説明しておくと、私の嫌いな日常特有のものは所帯染みた感じ、とでも表現できるだろうか。向上心のない、停滞した不気味な状態、生活感のすべて、とでも言うべきだろうか。

　家庭的、アットホーム、家族団らん、女性らしさ、恋愛、恋愛を覚えた瞬間にいとも簡単に夢を捨てることのできる奴ら、「(´・ω・`)」多用のしょーもない文章、「生理痛」「ＰＭＳ」「婦人科」が乱舞するＳＮＳ、女であることを強調するねちっこい文章、それに乗せられてるどうしようもない男目線のまとめサイト、日の暮れはじめ、17時のチャイム、他人の家庭、世田谷、田園都市線、あてふられている番号が微妙に違うだけでそれ以外はまったく同じおびただしい数の棟がまったく同じ方向を向いている団地、ニュータウン、住宅街、犬を連れている家族、休日……あああああ！　書いていて気が狂いそうだ。虫唾が走る。

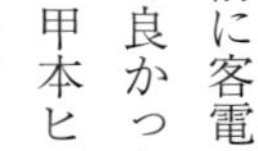

そんな生理臭い日常の象徴がカレーである。いや「手作りカレー」である。母親が家族に作るカレー、彼女が彼氏に作るカレーといった愛情カレーなるものである。しかしルゥを作っている企業や開発員はまったく生理臭くない。ビジネスだからである。各社のしのぎの削りあいは本当に尊敬している。日常と違って速度がある。しかし手作りカレーを、たかだかルゥを溶かしただけで、日常の補強のために自炊している気になって外食を叩く奴らは敵だ。いつのまにか日常のアイコンとなったカレーなど受けつけることができない。そんなものが「愛」だというなら、「愛」はいらない。日常はカレーで、カレーは「愛」で、「愛」はゾンビだ。

しかしなぜ私はここまで日常のアイコンであるカレーを嫌うことになったのか。気になってきたので少しばかり思い返してみることにした。どうでもいい話だが、乗りかかった船ということでしばしの間おつき合いをお願いしたい。

自分の家庭環境が悪かったことによる嫉妬か。否。断じて家庭環境は悪くなかった。ジャックナイフ系刑事とサバイバルナイフ系保育士の、どっちにしろ尖っている両親、『ＬＥＯＮ』読者のちょい不良《ワル》ジジイとブランド狂の祖父母、そしてスイーツ（笑）にもかかわらず奥田民生の追っかけの姉、という文化も死に絶えているド田舎にしては、割とイイカンジにわけのわからない家庭に私は生まれた。

では母親の料理がトラウマになっているというのか。それは首が千切《ちぎ》れるほど横に振らなければならないくらい違う。手前味噌だが、母親の料理はかなりの腕前だと幼い頃から思っていた。しかし少し気になることがある。もちろんカレーも例外ではなく超絶美味だったのだが、母親はカレーを食卓に並べるときは、決まってこう口にした。

「私、カレーだけは下手やけん」

その都度私は、まったく解せないというように驚きながら、

「……いやいやいやいやいや、別に下手ちゃいますやん！　むしろ他の料理と同じように美味しいですやん！」と全力で否定していた。ところが彼女はカレーを作るときは、必ずこの台詞を言うのだ。そしてできればカレーは作りたくないにもかかわらず「ネタ切れのため」少なくとも1ヶ月に1度は作らなければならないことも不服そうだった。

そう、つまり彼女は最初から日常を否定していたのだ。できることなら現実（＝他の料理）だけを愛して、日常（＝カレー＝生理臭いもの）については何も認めていなかったのだ。

つまり幸せになるためには、日常ではなく現実を求めろと母親は教えてくれていたということだ。日常の中に回収されている恋愛や家庭的なものの中に幸せを「見出す」のではなく、社会的な現実の中で幸せを「掴む」ことでしか尊厳は回復できないと。だから好きなことをやりなさいと。そのために勉強しなさいと。だから好きなことに一生懸命になるべきだと。大好きなものを見つけるべき時期に男に狂ったら、人生は一貫の終わりだと。彼女は私が高校卒業するまでは延々とそう説き続けていたし、私自身も誰が何と言おうとそれは正論中の正論だと思う。その、ある種の「英才教育」のおかげで、私は一人前のヲタとして成長した。この日常の否定を、私は愛している。せっかく与えられた命を、日常なんかに費やしている暇はない。だから世間やSNSで唐突に出くわし

てしまう所帯染みたものに戸惑うのは無理もない。

また、以前カレーが嫌いな友人がこんな話をしてくれたことを思い出した。

「お母さんにカレー作られると、何か手を抜かれてる気がしてさ、愛されてない気がして、悲しい」

そして彼女はこう続けた。

「それでね、『バーモント』のルゥと『熟カレー』のルゥを半々で混ぜてオリジナルみたいな顔してるんだけどさ、それも嫌なの」


つまり彼女は、母親が、簡単に作れるカレーというものを介して愛を表現していることが悲しいというのだ。

別に他の料理が手抜きでないわけはない。手が込んでいるように見えて案外時短レシピで作れる料理はたくさんある。実際に手が込んでいるか否かという話ではなく、彼女は、母親が「日常の肯定のアイコンであるカレーさえつくっていれば愛は伝わる」という共通認識に甘えて、本当の愛を伝えてくれないこと、そしてたかだかルゥを混ぜるだけで手間をかけているように見せ、その物語を補強しようとしていることが悲しいのだと。

私はここに、愛と日常への憎悪について考えるカギとなるものがある気がする。

人は自分の感情を表現するのに、とにかく何かを介在させたがる。たとえば、自らの美しい感情や中二病的なポエミーなものは初音ミクを通したがるし、自らの非モテや貧困の生きづらさへの見解は加藤智大の気持ちを勝手に代弁することで表現するように。ジャパニーズヒップホッパーが主張する「等身大の自分」の逆で、ワンクッション置くことで生身の自分との関係を薄くする。

理由は複数あって、それを介在させたほうが主張が補強されるから、というポジティブなものから、直接伝えたとしても説得力がないし、見向きもされない、また、反論が怖いし、自分の本心を知られるのは恥ずかしい、などという後ろ向きなものまである。

マツコ・デラックスがテレビで「お母さんの愛情はから揚げを通してしか表現できない」と言っていたが、これはカレーではなくから揚げであるところがミソなのだ。この場合のから揚げは主張の補強をしていると同時に、その意味を逆説的に利用してもいる。から揚げは手間がかかっているから愛がこもっているということだけではない。まず素直な考え方では、から揚げは自炊という意味で愛情がこもっているといえる。しかし、から揚げには「から揚げさえ作っておけば愛していることになる」という共通認識は、カレーほどはない。これはから揚げが居酒屋メニューの定番であることを考えると納得できるだろう。

だから、から揚げから伝える愛は、手間のかかった自炊のから揚げという愛と、から揚げそのものが持つ意味を超越した非常に強い愛の二種類がある。

何かを介するにしても、介するもの自体が持つ共通認識——カレーならば日常の肯定——に頼ることなく、仲介するものが何の意味も持たないにもかかわらず、相手に伝えられるくらい自分の感情は純粋なものでなければならない。それだけ強い感情や純粋な愛を持つ覚悟がない人が、手っ取り早く何か考えているフリをしたり、日常を愛するつもりになれるために、自炊の持つ意味に頼る

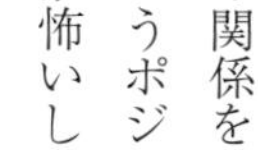

のだろう。あえて下世話な表現をするならば、「わたしはビッチです。男好き過ぎてどうしようもありません」と堂々と言いながらも性生活以外では真面目に仕事をし、情に厚く根性のあるヤツのほうが信頼できるというのに似ている。日常に居直るプライドと自覚を持つことは美しいのだ。こんな尊い感情もないままに、何となく正義っぽいからという理由で、良く考えもせず日常を無条件に肯定し、自炊を「愛」とし、外食を叩くような輩は、黒髪ロングの清楚ビッチと同じくらいのあざとさを感じる。

そして、近年の愛には賞味期限《タイム・リミット》がある。

ある日、私はファミレスで、隣の席に座っていた大学生と思しき女の子が、

「私、『なめこ』*が好きなんだけど、いつまであると思う? ずっとは、ないじゃない?」

（＊『おさわり探偵 なめこ栽培キット』のこと。株式会社ビーワークスが開発し、サクセスにより配信された、iPhone用およびAndroid搭載スマートフォン用ゲームアプリ。およびそれに登場するなめこのキャラクター）

と向かいの席の友人に聞いていた瞬間に遭遇したことがある。メディアを通した愛には時間的、心理的、物理的なさまざまな限界があり、それに耐えられないならば伝統的なものや絶対的なものを愛するしかない。若者の右傾化と呼ばれている傾向もそれで説明ができるだろう。

今までは自分の愛や世間の愛が冷めたことにより、ブームが収束していた、しかしもはや、さまざまな限界があることよりも、自分の愛よりも消費のペースのほうが速いかもしれないと懸念しなければならない段階に突入していることに驚愕した。

それでも愛を持ちたいならば、消費速度とは切り離された「もの」ではなく概念や思想を純粋に

愛さなければならない。あるいは格好つけて日常を正当化するくらいの理論武装という努力くらいはするべきだ。

その覚悟がなければ、日常に回収されたものを伝統的なものの代替として勝手に「愛」しておけ。私はやはりそんな生ぬるい「愛」はいらないから自分自身のこの言説でぶっ殺す。そして今後またそいつ（幸せな日常）が現われてきたら、姿かたちを問わず、また言葉で殺してやるのみだ。

## ランチタイムを皆殺せ！

はっきり言ってしまうと、ランチはあくまでもディナータイムのプロモーションである。ディナータイムで人気のメニューをピックアップし、若干少なめに盛りつけ、ディナータイムよりもはるかに安い値段でランチとして提供する。価格を下げることで間口を広げ、多くの人にランチの味を知ってもらい、ディナータイムに引き込むという作戦だ。

ランチタイムとは、各店舗のそういった緻密な戦略が繰り広げられる時間であり、決してＯＬがやれグアム旅行だのやれ誰々ちゃんの彼氏のスペックだのといったアホみたいな話をしながら、Instagram にアップする料理の写真を撮影するための時間ではない。

しばしば仕事に対してやる気のないＯＬは「毎日のランチのことしか考えてないＯＬ」と揶揄されることがある。厳密に言うと「ランチタイムに繰り広げられる、ランチ以外のことしか考えてないＯＬ」というところだろう。彼女らはランチのことを考えているようでいて、食事そのもののこ

とについて真剣に考えていない。残念ながら彼女らは、リゾートと誰々ちゃんの彼氏の年収とハッシュタグで喋ることにしか意識が向いておらず、脳内は完全にお花畑であり、食について真剣に向き合う気もない自らの不誠実さにも気がついていない。ランチタイムについて考えることを、ランチそのものについて考えることと混同している。そしてタチの悪いことにそんな奴らがカレー店に陣取ってキャッキャと騒いで、「私カレー好きなんだよね～！　あ、これ本格的でおいし～い！インスタ載っけちゃお～☆」とかペラッペラの感想の合間に、他の女子の悪口を口にするのに忙しそうな光景を見かけたことがある。彼女たちをディナータイムに引きこむための努力は、別にどこで何を食べてもいいと思っているのならば、やりようもない。

カレーを食べるということは救いだ。お花畑ＯＬたちの考えているよりも、遥かに神聖な儀式だ。旅行の打ち合わせ、誰かの悪口、ＳＮＳのネタ探しのなどというくだらない日常に勝手に組み込んでいいようなことではない。祈りよりも救われる行為としてのランチ、そしてカレーをあまりにも軽く見すぎてはいないだろうか。

「ランチタイムのことしか考えていない」という「ランチへの無関心」は今すぐ息の根を止めるべきだ。

## ✂ロマンチック・アボカド・イデオロギー

先日、偶然見つけた六本木ヒルズのエッグベネディクトの店に行ってみた。エッグベネディクトとは、近年謎の流行の兆しをみせている謎の卵料理である。一時のパンケーキブームやポップコーンブームのような胡散くさいスメルがプンプンするような拡まり方は、何者かの陰謀を疑わずにはいられないほど不自然である。wikipedia先生によると発祥には諸説あるらしいという、何だかまあ、よく分からない料理だ。

そんなエッグベネディクト店にて、怖いもの見たさで、「アボカドトースト スキレット」とかいう、今までに一度も聞いたことのない料理をオーダーしてみた。エッグベネディクトですらあまりわかっていないのに、それさえもすっ飛ばしてオーダーをしてしまうという姿勢には、我ながら食に関しては攻めるなあと呆れた。

数分のち、ライ麦パンのトーストの上に、半分のアボカドにフォークが垂直に刺されており、その隣にはスクランブルエッグが入ったフライパン（スキレット）が置かれている状態のものが運ばれてきて、驚いた。シャレオツでイケててヘルシーやろ?（ドヤッ）という主張はなんとなく雰囲気で分かるのだが、意味はさっぱり分からない。主にフォークが刺さっている意味が。なんやこれ。

私個人の感覚としては何か本来刺したまま提供はしないものを、刺した状態で出すというのは、ものすごく違和感がある。某女性料理研究家が一時期そういった「何か刺さってる系」の料理を好んで創作していたことが話題になり、「彼女は欲求不満なんじゃないか?」などと騒がれていたが、それに似たある種の卑猥さのようなものを感じる。彼女の場合は食材が突き刺さっていたので、辛うじて料理としてアーティスティックな意図を読み取ることも可能だが、今回はフォークが刺さっ

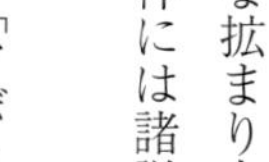

ているので、さらに意味が分からない。ただの行儀が悪い食べ方なんじゃないだろうか。例えるならば、食器をドラムに見立てて演奏するような。

などと複雑な感情を渦巻かせていると、湘南系のイケメン店員に「食べ方は分かりますか?」と聞かれてしまった。最も聞かれたくなかったことだった。初見でこれの食べ方が分かる人間がいたら教えて欲しい。なんやねんなこれ。

「いえ、分かりません……」とうつむきながら答えると、湘南ボーイ(仮)は優しく教えてくれたのだった。「このフォークでアボカドを潰しながら召し上がってください」と。

ん? アボカドを潰すのが目的ならば、最初からテーブルに用意されているフォークを使えばいいだけの話だし、別の短いフォークを使わせたければ一緒にただ持ってくるだけでええんちゃいますのん!? アボカドにフォーク刺したまま運ぶ意味が分かりませんけど!? と、面食らってしまった。

アボカドにはそういった訳のわからなさを許してしまう雰囲気がある。「まあ、アボカドに刺さっていたのなら仕方ないか」と、そのときの私も、なぜか納得してしまった。

アボカドは、いろいろなものから文脈や秩序を排除する。

たとえば、あまり頻繁には見かけないが、カレーにトッピングされるアボカドの意味は何なのだろう? チーズや納豆、トンカツ、フライドチキン。分かる。そこにあるのはカレーをよりカレーらしく成立させるために、必死に引き立て役を演じている脇役の姿だ。あるいは、カレーという歴史や物語に基づいている食材たちだ。

ただ、アボカド。お前は何なんだ？　ポテトの代理という説もあるらしいが、まったくピンとこない。そもそも、ゆるふわクソ女どもにとって、「好きな食材」に挙げておいたらなんとなく可愛く見えるようなアイコンとしてしか機能していないくせに、いろんなとこにしゃしゃり出やがって一体何のつもりなんだよ。お前カレーとは関係ないだろ。まったく関係ない。森のバターはすっこんでろ！　と言いたいところであるが、「まあ、カレーにアボカドがトッピングされることもあるよねー」となぜか言えてしまえそうな存在感、訳のわからなさ、何でもアリの雰囲気があるような気がする。

そしてなぜか、アボカドの食べ方を分からないというのは、ひどく恥ずかしいことのように思ってしまう。

それはもしかしたら、恋愛のような感情なのかもしれない。アボカドのすることは何でも許せるような。アボカドのことに深入りすることが照れくさいというのは、恋愛に似ている、気がする。フォークはアボカドに恋をしていたのかもしれないし、カレーも恋をしているのかもしれない。そして私自身、アボカドをすべてのゆるふわ女子から奪い返したい嫉妬心に満ち溢れているのかもしれない。

アボカドを食べるときは、アボカドに恋をしている状態だというのか。

と、何だか分からない気持ちになりながらも、潰したアボカドをライ麦パンと頬張った。

美味しくもまずくもなかった。なぜこんなものが好きなんだろう？　よく分からない。愛しているのと正しいのは違うと思う。愛しているものは正義だとは思うけれども、正しくはない。それと同じで、よく分かるものが好きだとも限らないのかもしれない。

## ✂口内ディストピア　愛とノルマ

ノルマを課せられるほど、落ち着かないことはない。とにかく達成しなければならないという決まりのみによって縛られる言動は、愛によって突き動かされているものとまったくの逆の存在である。

あなたも身に覚えがあるだろう。○日までにアレをしなければならない、今日は△△円売り上げなければならない、イベント開催するのは勝手だけどチケット×枚売ることが条件……といった具合に、世の中はノルマに満ち溢れている。気持ちは焦り、楽しむ余裕などなくなってしまう。それでもそんな世界を生きていくためには、打開策はたったひとつしかない。一生懸命に努力をして、ノルマを達成することである。

ところが、しなくてもいい努力や、達成する必要のないノルマというものも存在する。

かつて私自身も、努力についての幻想を抱いていた。それは今思うと、非常に考えが足りなかった。しなくてもいい努力などこの世にはないと信じ込んでいて、すべての努力は尊いものであり、イチローの言うところの「努力する才能」が欠けている人のことを、それはそれは軽蔑していた。机に自らを縛りつけて晩学に励んだりして、ほとんどマゾヒストと称しても遜色ないほどに努力の鬼と化していた。

そんな努力信者ともいえる私ではあるが、カレーに出会ってしまったことをきっかけに、考えを改めることとなった。

もちろんカレーに何度も助けられてきた。カレーは私に愛を教え、人生をエキサイトさせ、多くの人との絆を紡いでくれた。言うまでもなく大切な存在である。カレーに出会うことができたからここまで来ることができたのだし、アホみたいなものと人で溢れる世の中で、やっと私を拒まずに受け入れてくれた神様みたいな存在である。

しかし、よき神もいればやんちゃな神もいる。妖怪の類とも言えるだろう。

つまり、クソマズイカレーというのもこの世にはある、ということを知ってしまったのだ。

ある日、某駅近くを歩いていて、偶然見つけたカレー屋に入った。これは、そのころ私が「エンカウンター式」と名づけていた、適当に街をブラブラと歩いていて、目に入ったカレー屋に適当に入るという形式に則り、店をチョイスする方法だ。事前に評判やメニューなどを調べることなく、本当に適当に出くわしたカレー屋に入るのである。これはある種の運試しである。その店が美味しかったらラッキー、美味しくなかったらアンラッキー、というように、おみくじのような感覚でこのゲームを個人的に楽しんでいた。そしてこの日も、この〝ゲーム〟で軽く運試しといこうかと思っていた。

よく言われることではあるが、カレーはめったにまずくはならない。あるいは、まずいカレーなんて存在しない、と。私もそう思っていた。信じて疑わなかった。「そこまで美味しくない」「イマ

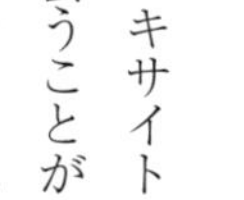

イチだなあ」くらいのカレーには何度も出会っていたが、食べられないほどまずいということなど、まさかないだろうと思っていた。

ところがあるとき、偶然入った店のカレーがクッソまずかったことがある。申し訳ないのだけれど、本当に美味しくなかった。得体の知れない油でどぅるどぅると分離していたルゥを口に運んだときは、胃酸が上ってくる感覚を覚えた。正直、気持ち悪い。食べ続けることができなくて、それでもやっぱり申し訳なくて、逃げるように店を出た。

申し訳ない、と思うのは本当だ。

昔、実家近くのテイクアウト専門の寿司屋で、姉と2人でお子様用のお寿司弁当を買って帰ったことがある。それが食べられないほどではないがあまり美味しいわけではなく、2人で「美味しくないね！　全然美味しくない！」と、散々悪態をつきながら、それでいてかなり盛り上がりながら食べたのだった（最低（笑））。

ふと、一口サイズのゼリーがデザートとして入れられているのに気がついた姉は、箸を止めてそれをしばらく見つめると、急に悲しそうな顔になった。

「なんかさー……すごく……しゅんとした……」と、先刻の盛り上がりとはうって変わって、ひどく憂いを帯びた表情でつぶやいた姉に、その理由を問うと、

「まずいって言ってたんだけど、このゼリーにプリントされてるキャラクター見たら、なんかさ、しゅんとしない？」と問い返された。

何の変哲もない一口ゼリーのビニールの蓋には、かわいらしいウサギのイラストが描かれていた。私のお弁当箱のほうに入っていたのは、くまのイラストのゼリーだった。どちらも、すごくかわいらしい。それを見ていると涙が出そうになった。まずいという事実と、その事実を感じてしまったこと、そして、そこにある気遣いに、どうしていいか分からなくなり、申し訳ないような気まずいような、自分自身が情けないような気持ちになった。

誰かの誰かに対するプラスの感情、あるいは魂が宿っているものとしてのゼリーのイラストが、作り手の食べる側への思いやりを感じる。作り手は私たちに少しでも美味しく、そして楽しく食べて欲しいと思ってくれているに違いない。その証拠がこのイラストなんじゃないか。それなのに、思いやってくれているのに、まずいものをまずいと言いたい私たちは、その魂を無視しなければならない、踏みにじらなければならない。

その薄情さに、ただただ、「しゅんとする」しかなかった、ということを思い出す。

まずいものに出会ってしまったときは、このことをいつも思い出す。

まずいカレーに初めて出会った日も、その店ではラッシーやタンドリーチキンやココナッツアイスなど、たくさんおまけしてくれたし、シェフの方がわざわざお会計をしに厨房から出てきてくれて、少し落ち込んだような様子で「オクチニアワナカッタデスカ？」と尋ねた。

なんでそんなことするの？　なんでビジネスライクにしてくれないの？　なんでマニュアル通りに、私のことをただの客Aとして扱ってくれないの？　あの寿司屋だってそうだ。なんで、わざわざ可愛いゼリーをいれちゃうの？

その理由は簡単だ。愛を込めてくれているからだ。私たち食べる側のことを、愛してくれているからだ。

確かに外食は、金銭のやりとりがある。それでも、愛を込めて作ってくれていることくらいはわかる。じゃないとおまけなんてしない。わざわざ厨房から出てこない。かわいいゼリーなんて入れない。

私は、たとえば「お母さんの作ったカレーが愛情たっぷりだから美味しい！」という論理が大嫌いなのは散々書いてきた通りだが、その考えを採用すると、愛を込めて作ってくれたものが、まずかった場合、もうどうしようもなくなってしまうからだ。


「そんなことないです！　いや〜おなかいっぱいで（汗）あ！　余ったものをテイクアウトってできます？」と言うしかないのだ。


一般的な価値観だと、「まずいものは食べなければいい」ということになるのだろう。特に外食である。お金を払っているのだから、作ってくれた人に悪いというような表面上の優しさはいらない。食べずに残せばいいのだ。

しかし、なぜか食べなくてはならないと思ってしまう。そしてなぜかノルマを設定してしまうのだ。

それは「もったいないから」、というのはおそらく建前で、本当の理由は、重すぎる愛を引き受けないとしゅんとしてしまうからだ。そしてもうひとつ、自分がこの店に出くわしたこと・メニューを注文したということは罪なのかもしれないという意識を自覚しているからだという理由もあると思う。

このような罰を受けなければならないなんて、一体自分の意志で店やメニューを決めるということがどれだけ罪深いか、どれだけリスキーか、身に沁みて分かる。この罰は甘んじて受け入れる義務がある。それは店を選び、メニューを口にしてしまったものとしては、逃れることができないのだ。

そして、「こなすように食べる」という地獄が始まる。口の中が不幸で満たされる。鼻に抜ける絶望の風味。口内ディストピア。この障壁を乗り越えられないふがいなさに涙が溢れくる。この罪を償うには、せめて、それなりに食べきらなくてはならない。ここでノルマが生まれる。そして、「こなすように」嫌々匙は口に運ばれることとなる。このノルマは、しなくてもいい努力にカテゴライズされるだろう。このノルマは達成したところで幸せにはならないし、夢への一歩にもならない。しなくてもいい努力をしなくてはならないと思い込んでしまっていると、クソマズイものに出会ってしまったときに、命を落としかねない。クソマズイものを食べきることをノルマとして受け取ってしまうと、幸せな食事タイムは一気に地獄と化す。口の中に広がる違和感に悲しみ続けるくらいならば、この努力のストーリーを無効化して、新しく歩み始めるだけだ。泣いて逃げるのが賢明だ。

しかし、私の中に残っているかつての机の前のマゾヒズムと、重すぎる愛情に応えたい弱さ、そして外食への自己責任を負う義務により、結局のところノルマを達成するまでは店から出ることは

できない。

私は、逆説的ではあるが、こういったノルマに魅せられてしまい、このエンカウンター式にこれまでよりも没頭することとなった。においもしないのに、「だいたいこういった街並みだとこの角を曲がったらカレー屋がある」などといった、もはや都市構造の法則を勝手に把握し、街をさまよう。そして本当に「角を曲がると」カレー屋が出現する。そして、何の抵抗もなく吸い込まれていき、そのおよそ10分後には天国か地獄かの判決が下されることとなるのだ。

それだけではない。身を犠牲にした〝占い〟に飽き足らず、まずいものを紹介するブログを検索し、読み漁るようになってしまった。それらのほとんどは妙な臨場感があり、手に汗を握る展開となる。そして失礼にならないように、一応の配慮らしき態度を取ろうとするので（当然結果的にはめちゃくちゃ失礼なことになるのだが）、言葉のチョイスも軽快で絶妙なのである。そして不思議なことに泣いて逃げだす人はめったにいない。だいたい、ノルマのように、こなすように食べるという選択肢を選ぶのである。やはり背景には、重すぎる愛に負けたくない気持ち、そして自分でこの店を選んだ責任を負うというルールがあるように思われる。

私は世の中の、ゲロマズレポートをむさぼるように読んでは、腹を抱えて笑い、同じものと戦う同志に敬意を払っていた。

冒険をして嫌な思いをするのを本当に回避したいのであれば、堀江貴文の「TERIYAKI」に課金することで救われるだろう。こうした救いの手が差し伸べられていることも、外食への非難や疑問も把握している。しかし、その上で自らの運勢を試してみたいのだ。

自らの精神を鍛えて、自らの運命をこの手で切り開いていきたいのだ。決して泣いて逃げたりしないことを証明して見せたいのだ。覚悟は決めている。覚悟して外食をしている。自炊の甘っちょろいそれとは違う。

ノルマという名の執着は、結局のところ純粋な愛と表裏一体である。ノルマか愛か分からないもの――すなわち、執着せざるをえないもの――を探し求めて、街をさまようことは当分やめられそうにない。

きっと答えは、あの「角」を曲がったところにあるはずなのだ。

## 食が持つ思想を飛び越えるために

佐野実や周富徳が亡くなることというのは何を表しているかというと、おそらく食をコンテンツ兼コミュニケーションツールとする時代の終焉であろう。

彼らは日本の食をコンテンツとして昇華させてきた。ご存知の通り、「ガチンコラーメン道」、「料理の鉄人」といったショウとして。そしてそれは、彼らの思想やビジネスをより娯楽性の高い形で見せたものであった。たとえば佐野の客への私語禁止の要求や、弟子への厳しさ、周の中華大戦争などのパフォーマンス（あえてこの言葉を使うが）は、彼らのビジネスモデルや思想そのものであり、食をコンテンツとして消費させるには十分すぎるほどにキャッチーであった。

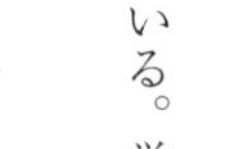

しかし時代は下り、食をコンテンツとする佐野実的なものは撤退し、食はコミュニケーションツールとなった。特にラーメンに限って言えば、男の子が結束する手段そのものとなったように感じられる。『BUBKA』などの、いわゆる男の子カルチャーを紹介する雑誌においては、毎月のようにラーメンが取り上げられ、男の子ならば誰もがコミットできる存在としてラーメンが機能しはじめたように思われる。辛いこと、悲しいことがあった日の夜には、「とりあえずラーメン」に一緒に行けば、何はともあれその日は幸せに終えられるし、けんかをした相手と一緒に行けば腹を割って本音で話し合うことができるし、出会って間もない同士が今後仲良くなりたいと思えばラーメンに一緒に行けば距離は縮まるものだと、だいたい相場は決まっている。たとえば『二十世紀少年』でのラーメン屋の描かれ方はまさしくそれであり、ケンヂとカンナはラーメンで結束している（カンナは作中から、役割としての男性であると考えられる）。

しばしば「女子二人は最強」と言われている。

女子2人はどこへでも行ける。しかし男子2人だとそうはいかない。なぜならばホモと疑われるからだ。たとえばイルミネーションに女子2人で行くのはモテない女子が傷を舐めあっているように思えるが、おっさん2人だと明らかにゲイでしかない。女子2人でフレンチに行くと女子会だが、イケメン2人だと腐女子の恰好のネタにされてしまう。残念ながら世間の見解はそうなのだ。男性は年齢が上がり、社会的な存在となる過程において、男性だけのコミュニティのみに身を置き行動することは、しばしば不自然だとみなされる。そして場の公共性が増せば増すほど怪しくなる。そこそこアメリカナイズドされたこの国において、大人の男に相応なのは、妻、あるいは妻と子供（たち）との行動であり、それ以外での行動はきわめて難しくなる。たった一つの場所――ラーメン屋――を除いては。

ラーメンを口実に男の子たちは仲良くなる。ラーメンの持つ意味とは、男の子であればどんなクラスタも結束できる手段であるのだ。ラーメンは男性たちの距離を詰めるだけではなく、個人の食に対する思想さえも飛び越えることができる。食に対してどういった見解を持っていようが、その交差点としてラーメンが位置すると考えられる。

具体的に言うと、『dancyu』読者のような明らかな高級志向者と、速水健朗の言うところの「フード右翼」のようにジャンクなデフレ食愛好者でさえも、いとも簡単にラーメンで交わることができる。両者にとって、ラーメンとはお互いの食に対する見解や信条に矛盾しない。ラーメンのジャンルにもよるが、群雄割拠のラーメン戦国時代においては互いに納得のいくラーメン店を見つけることはそこまで難しくないと考えられる。明らかに食への嗜好が異なる男性同士がラーメンを共にする姿は、頻繁に見かける。

つまりラーメンは、男の子ならとりあえず結束できるコミュニケーションツールである、ある種の交差点なのだ。しかし、現在ではその意味も失いそうである。と、いうのも、ラーメンを拒否する男の子が増えてきているような気がするのだ。あくまで個人的な実感でしかないが、味が好きではない、まずいから食べたくないというのではなく、味は関係なくいわゆる食わず嫌いで食べない人が多くなってきている。ラーメンに誘っても、「嫌いだ」とか「美味しくない」とか「母親の料理のほうがいい」とか「身体に悪そう」とか言いやがる軟弱な男が増えてきている気がする。こういったショボイ言い訳でラーメンを拒否することはつまり、日常至上主義、オーガニック趣味を振りかざした「ラーメンボイコット」である。結束したくないという明確な拒否だ。家庭に回収されたいから外食自体を拒否しているという明らかな意志、および単純に「男の子」としての結束を拒むという状態である。

食への思想さえも飛び越えるはずだったラーメンではあるが、結局のところ、その性質とイメージ上、日常至上主義者とフード左翼には有効ではないということが明らかになってきた。そして佐野実の死は、おそらくそれを決定づけた。

身近な例だと、俗に言う「飲みにケーション」や合コンを拒否している若者も、飲み会を他人との距離をつめる手段としたくない、あるいはそもそも他人と距離を詰めたくない、という信条をもっているように聞こえる。よくあるゆとり新入社員批判のような語り方となってしまったが、ここで注意していただきたいのはラーメンに同行するというのは、飲みにケーションや合コンよりも、そこに同席する男性同士の立場は平等であるように思えるのだ。もっと言えば、争いの対象ではない、上下関係がない、ということである。

「格つけしあう女子」と叫ばれて久しい昨今、「女の子たちは毎日大変なんだからね！」といわんばかりに女子同士のヒエラルキーを見せつけられる機会が日常にはたくさんあるが、男性の中にもその序列がないわけではない。

男子の中にも、モテ具合、恋人の有無、ルックス、収入といったような、女子におなじみの格つけ項目に加え、おもしろさや優しさといった努力ではどうしようもできなさそうな項目まで加わるのだから大変である。それらは飲みにケーションや合コンの中では大いに出現してくるであろうし、かかわりがあると思う。しかしラーメンを食べることにおいて、それらは別に関係ない。部長だろうが平社員だろうが、ブサメンだろうがイケメンだろうが、ラーメンの前では平等に、飢えた雄でしかない。もちろん、性的にではなく、食欲的な意味で。

彼らがラーメンで結束を拒むのはもったいない。コンテンツとしての機能が終焉した今となっては、ラーメンの持つ意味とはそれのみだというのに、食わず嫌いや日常至上主義やオーガニック趣味という、いわば主張とも言いがたいわがままのような頑固さで、自分が唯一、経済的にもルックス的にもあらゆるヒエラルキーから解放されるかもしれない可能性を手放すというのは、いささかもったいない気がするのだ。

否、体裁などよりも大事なことがあった。男子ヒエラルキーよりももっと重要なこと、つまり、ただ、そんなしょうもないプライドのために美味しいものを食べる機会を失しているというのは非常にもったいないではないか、ということである。

ではカレーはどうだろうか。

カレーは内包する意味が多すぎる。フード右翼的でもあり、ビーガンであることもできるし、家庭的でもあり、サブカルでもあり、高所得低所得どちらにもコミットできるし、人間関係の結束と

いう役割も担えなくはない。内包する意味が多いのである。

だからこそ、結束という目的においては、カレーはラーメンに惨敗する。ラーメンのように、いろいろあった日のシメとしてねぎらいの意味を持つこともなければ、「男の子同士でカレーに行くという関係はずいぶん仲がいい」、というように仲のよさの象徴になっているとは考えにくい。ラーメンほど多くの店が存在しているわけではないため、なかなか食に対する見解が異なる者同士が互いに満足できる店は少ないかもしれないということも含め、カレーを媒介に繋がることはなかなかできない。

ヘタレ野郎は「スパイスの入ったカレーより、家のカレーが良い〜」などと抜かしやがり、スノッブな輩は視線を斜め下の文庫本のページに落としながら、愁いの帯びた表情で「神保町のカレー屋に行きたい……」と、つぶやきやがるのだ。この場合、ヘタレ野郎とスノッブな輩は永遠にこの世界で交わることはない。お互いがお互いの存在にすら気がつかないまま、それぞれのカレーをそれぞれが好きな店で食べるのだ。

このように結束という意味としては弱すぎるカレーを、どうにかしてラーメンにおける結束くらいに大きな意味にしたいと思ったし、そのことについて特に怒る人が私の周りにはいなかった、というのが、私がカレーを好きになった大きな理由である。具体的に言うと、いろいろなジャンルのカレーを、それはそれとして認識したあと、思想と切り離すということを普通にしていこうと思ったときに、それについて特に違和感を抱かれなかったということだ。

たとえばカレー好きからすると、南インド系のカレーをナンで食べるということはありえないわけであるが、一般にはそれをなんとなくのイメージで「アリ」だと思ってしまうような、ある意味ではかわいらしい無知さが、味方につくということだ。

カレーはコンテンツという側面からラーメンと比較した場合、ステレオタイプにしか消費されていない。つまり、日常系的な家族愛か、遠い異国としての象徴であるインドのイメージの2つしかないのである。その「浸透していなさ」が、カレー、ひいては食べ物についてあまりこだわりのない人にとっては特に、カレーと思想を切り離す手段として機能しうる。

つまり、南インドカレーが好きであることと、官邸前のデモに行かないことは矛盾しない。逆に、欧風カレーが好きであってもアナーキー・イン・ザ・UKを歌っていても良いし、神保町カレーが好きであってもスポーツに興じてもいいし、お母さんが作ったカレーが好きであっても不倫していてもいいんじゃないかと思う。道徳的に好ましいか、あるいは私が個人的にそういう人たちをどう思うかは置いておいて、それはそれで、食べ物の趣味／主義を切り離すこと自体は、大きな希望となると思うし、カレーでは結束できないことを知りつつも、その意味に依存しないために奮闘していく作業そのものは愛しいと思う。

だから私は、そこそこカレーが好きでこだわっている人たちにも、それぞれの店でそれぞれの好きなカレー「だけ」を食べている場合ではないと気づいてもらいたい。味だけでカレーを判断してほしい。是々非々で考えてほしいのだ。コミュニケーションツールとしては最初から破綻しているカレーを、どうにかして媒介として機能させようとすることは、まず、カレーと思想の切り離しから始めなければならないのだ。その可能性がカレーにはある。カレーならそれができる。そして、好きなものを好きだと何の後ろめたさもなく言える愛のために、他者と関わっていく日々そのものを手に入れるために、従来のコミュニケーションをアップデートさせていく必要がある。

食をコンテンツとする時代は終わった。そして、従来の意味でのコミュニケーションツールとしての役割も終わろうとしている。次のフェーズへ進むことができていないという閉塞感がある。この閉塞感が『美味しんぼ』を暴走させたり、チェーンの飲食店がブラック企業と呼ばれたり、店舗が激減したり、ラーメン王をよくわからない方向に向かわせていると言えなくもない。

次のフェーズ——飲みにケーションや合コンというような結託ではない、好きなものを好きという理由のみで繰り広げられるコミュニケーション——に進むためには、カレーと思想を切り離す作業、そして食が持つ思想を飛び越えるために個々人がしっかりと見解を持つことが重要である。くだらないわがままや思い込みで、美味しいものを食べる機会を失わないことだ。別に他者とつながりたくなくても、あるいは、自らの尊厳を回復できるかもしれない可能性を手放しても構わない。構わないが、しょうもない理由で美味しいものを知ることができないというのは、損失である。

はっきりと言おう。もったいない。

食が持つ思想を飛び越えるために我々がしなければならないのは、ただ食べたいものを食べるということで、これから先を生き抜いていくことである。

偉大なる、偉大すぎる先人たちに敬意を払いながらも、彼らが作り上げた食にまつわる思想を笑いながら優しく解体していくことが、我々カレーヲタの仕事だ。

# Ⅱ章

# レトルトですが、何か問題でも？

世の中には膨大な数のレトルトカレーが存在する。地方の特産物を使ったレトルトカレーはお土産として重宝されているし、店舗やホテルが販売しているレトルトカレーは、店の味が家庭で楽しめるということで人気を博しているものも多い。経済面から見てもかなり安価に一食分の食事を済ませることができるし、温めるだけなので最初から自分で作る場合と比較しても手間も時間もかからない。そしてそのパッケージのカラフルさや種類の多さから、レトルトカレーを集めているコレクターも多い。レトルトカレーは、さまざまな役割を果たしている。

ここまで、カレーへの愛やカレーを殺す人々について語ってきた。各々の好みの問題ではあると思うが、私は俗にいう家庭のカレーや某壱番屋のようなカレーは、いわば予定調和の想定内カレーであり、特に語るに値しないと思っている。美味しくなくはないが、美味しくもない。もちろん好きではない。同様に、レトルトカレーを好きだというのなんてもってのほかである。だいたいレトルトのカレーは、どうあがいたってレトルトの味なのだ。なんともいえないあのもったりとした風味と口当たり……正直なところどれもパッケージが違うだけで味は同じである。と、思っていた。

しかし、世界にはレトルトにもかかわらず、レトルト特有の「もったり感」をまったく感じさせないカレーが存在する。それは、従来レトルトカレーが担わされていた効率・価格重視、あるいはパッケージありきのノベルティ的な役割ではなく、ただただ美味しさのために作られたレトルトカレーであり、そういったものも存在するということを知ったのである。

私たちはレトルトカレーをくだらない役割から解放してあげるために、レトルトについて語る必要がある。

**★マジックスパイススープカレー**

**購入理由：**ただでさえうさんくさいスープカレーのさらにうさんくさいレトルトとは、どれだけうさんくさいのか確かめたかったから。

下北沢のあの有名店のレトルト。ミネストローネっぽい味がしなくもない。

**★いちごのカレー**

**購入理由：**ジャケ買い

パッケージの可愛さに惹かれ、購入。しかしこれが、びっくりするくらいまずかった（泣）
いちごのフルーティーさがルゥと絶望的に合っていなくて、食べていて辛い。
栃木のアンテナショップでたまに見かけるたびに、ジャケ買いの被害者が新たに発生しそうだと心配になってしまう。

**★北海道オホーツク流氷カレー**
**購入理由：**ジャケ買い。白いカレーに惹かれたから。

非常に美味しかった!!

しかし、白い系のカレーは、よく味をカレーとして保てるなあと感心する。何か少しのきっかけで、シチューになりかねない。カレーをカレーたらしめているもの、その境界を感じる。

**★ピンザカレー**
**購入理由：**千原ジュニア推薦
私はお笑い芸人の千原ジュニアさんが大好きなのだが、彼が TV 番組でおすすめしていたのを見て、すぐに取り寄せた。エア便でやってきたこのカレー。おまけで黒糖と、直筆のお手紙を同封してくださっていた優しさに涙!!
味は誇張抜きで、今まで食べたレトルトカレーの中で、一番おいしかった。レトルトとは思えないクオリティに感心させられた。レトルトでこの味が出せるとは驚きだ。ピンザ（ヤギ）もたっぷり入っていて、満腹になれる。

**★堀江貴文が刑務所の中で外に出たら食べようと夢想い描いた至極のイノベーションカレー**
**購入理由：**堀江貴文考案のカレーに期待したから。
**★レトルト彼氏（辛口）**
**購入理由：**ジャケ買い
同時に系統の異なるレトルトカレーを購入。

イノベーションカレーは、具が大きく入っており、ルゥもそれなりにこだわったペーストなのを感じた。確かに美味しい。しかし！　味は普通のレトルトの範疇である。ちょっと具が大きいレトルトといった感じだ……

どうした堀江貴文!!　シャバはこんなもんじゃなかったことを忘れていたときに作ったのか。

レトルト彼氏は至って普通のノベルティカレー。

♥総括

世の中にはたくさんのレトルトカレーが流通している。コンセプチュアルなものも多く、それ自体としてはとても楽しかったり、可愛かったりするので、ついつい欲しくなることも多い。お土産やコレクションには最適だ。

しかし、**必ずしも美味しいわけではない。**

かといって、必ず美味しくないわけでもないので、美味しいレトルトを見つけたら幸運だと思うべきだ。特に自腹の場合、は。つまり、結論は、**ピンザカレー神!!**

# Ⅲ章

# 愛をつぶやく

# エンゲル係数100超、カレー愛炸裂2000日！

これは、私がカレーを好きになって間もない2012年から2013年に、twitterにてダラダラと書き綴っていたカレーや食に関連するつぶやきをまとめたものである。2016年の今、見返してもすこぶる痛々しいが、現在の私の考えの原点となっているのはまぎれもなくこの頃に食べ歩いていた記憶と、メモ代わりに思ったことなどを書き留めていたこのtwitterである（書籍化にあたり編集の手を加えた）。何か好きなものに向かって無我夢中で疾走をする狂熱を振り返ることで、今一度愛について考える。

◆小学生のとき
母親「あんたそういえば小学生の時さぁ、遠足にお茶と間違えて焼肉のタレ持って行ったよねｗｗｗ」
わたし「」

◆カレー屋の…
カレー屋の2階に住みたい。　#わりと本気

◆てっきり「カレー」と出るんだと思ったら
香山リカ　#かって打って彼女彼氏が出るやつはリア充確定。

◆カフェ
宇田川カフェでもココナッツカリーが食べられるんだって〜(｀з´)━☆イイネ！

◆愛
愛とは自己顕示の手段ではないと、わざわざ言わなくても良いくらい普通の考え方だと信じたかったんだけど、やっぱり常に言い続けなければ、汚れちゃうくらい不純なんだよ。

わたしはそういう思考が徹底的に嫌いで、それを伝えたくて、カレー以外のいろいろなことにも当てはめて考えて欲しくて、そういう場所が必要だと思ったからカレー同人誌を作ったし、『終わりなき日常を終わらせるための、唯一の幸福な方法』というタイトルの章を書いた。それがわたしの愛の答えのつもりです。
自戒も込めてそう言い続けてる。そうでないと、ファッション愛に慣れてしまうと、なにもかも嘘みたいになるから。それは悲しいから。

◆チャントーヤ
わたし、実は最初の頃、チャントーヤさまのカレーが苦手だったんですが、何回も食べてるうちにハマりました！　そして今回、初のハートご飯にズッキュン（単純なやつｗ
ヤミツキカリーさまと同じココナッツカリーだけど、チャントーヤさまのが材料とか水が良い気がする笑。

◆薄い悪魔

「牛タン」の看板が「サタン」に見えてビビるくらいには疲れてる。

◆師弟関係

アンジュナって麹町のアジャンタの弟子なのに、となりのチャッポラと、となりのアクバルは無関係らしい。

◆うどん

うどんをハッキリ嫌いっていうのは、親への反抗に似てるような気がする。

◆口の中が火事

そう。インデアンカレーの公式サイトにある「お客様に『口の中が火事になるでー』と言われた話」がツボだ〜。行ってみたいな。丸の内以外は関西にしかないのも期待できる。わたしにとって、関西は食ユートピア(˘з˘)—☆

◆ギャランティ

今日は仕事帰りに東京駅カレー密集地帯を偵察したあと、エリカさまのオッパイでも見に行こうと思ってたのに……(※映画『ヘルタースケルター』のこと)今日のギャラはしまほっけ定食……こんなの絶対おかしいよ…お金いらないからカレー食べさせて…

◆丸の内南口徒歩3分
丸の内インデアンカレーさまに行きたくて、地下街の名前と出口を手にメモまでしておいたのに！　行けなかった！

◆パーナさん
チャンカパーナ（※NEWSの曲名）って新しいカレー屋さん？　違

◆ラーメン
よくラーメンをdisったり挑発してますが、たまーにこっそりいただきまゆしてます。喧嘩売った手前、好きって言えないジレンマ？笑。八柱の「どん　きさろく」は今まで食べた中で一番美味しい。カヲタが勧めるラーメンってことでw
当たり前だけど、ラーメンには美味しいのとまずいのがおるよね。
でもやっぱりラーメンはそんなに要らない。半玉でいいや。

◆食と思想
今日は東京純豆腐行ってきたんだけど、メニューにこの顔文字があった↓＾、，∀、∨……苦笑。

純豆腐は韓流だけど「東京」ってついてるから意外にネトウヨなのかな？　うむ。思想と食の関係って、ホント不思議だなあ。

そして沖縄風純豆腐っていう、非常にカヲスなメニューもあった…しかもこのシリーズは、月替りのご当地グルメ風純豆腐…笑。

リジーコリンガムによると宗教その他の理由で食べちゃいけないものが入ってるカレーだとしても、意外にみんなこっそり食べてるのは暗黙の了解らしいしね。もちろん他言するなんて無粋なことはしないから「食べない」ってことになってるけど。つまり美味いものを目の前にしたら我慢できないということ。

どんなにエラソーなことを言ってたとしても、どんなたいそうな思想を振りかざしたとしても、食には敵わない。食べる行為自体は誰にでも共通だし。でも、ろくに食事ができない地域だったり、何年も食事しなくても平気な人（昔テレビで見た）もいるし、例外があるからやっぱ難しいね。

◆食と体調

昨日は、自由が丘「タージマハール」さまのデリバリーでした。恐ろしくおいしかったです。暑すぎて食欲減退気味だったのに、非常にサクサク食べてしまいました！

やっぱり「美味しいもの＝カロリーが高い」と思うやつはバカ舌なんだと確信したよ。わたしが普段小食なのはまずくて不健康なものを食べてる自覚があるからです。（カレーは別）

「おちこんだりもしたけれど　わたしは元気です」を、「お○んこもんだりもしたけれど～」に空目してビビる…本当体調悪いみたい…

デリーキメた！　体調よくなったw

◆ファストフード

そう。昔は、両親はまだ厳しかったから、ファストフードの類は禁止されてたんだよ。だから実は、あの手の牛丼チェーン系列の勝手がわからないから行きたくないというのが一番大きい理由だったり。

今はだいぶ寛容な両親だけど、それでもやっぱりわたしの食生活が一番の心配らしく、さっき電話で神楽坂の寿司ランチを勧めてきたw

一人で入れる雰囲気の店なんてファストフード店くらいしかないから、身体に悪いと分かってても行かざるを得ない時代がわたしにもありました。（おっさんばかりの小諸そばにて　※そばもファストフード

◆東京

ホリエモンが言ってたように、やっぱり外食は東京が一番だな。ま、尾道三原福山あたりでは期待できないね。さすがに広島市内はそれなりにレベル高いけど、それでも広島お好み焼きか広島つけ麺くらいなもんかな。

松山は行った方が良い。松山はどんな種類の料理でも美味しい店多いです。

◆嫌いな食べもの

ぬた和え　＃一番やばいペプシの味を考えた奴が優勝

本当にぬた和えだけは！　ぬただけは無理！　です！

みんなぬた知ってる？　食べられる？　まずくない？　食べ物ＤＤなわたしでも、ぬたは無理！　生トマトは最近克服しましたが。

◆３つ目には私を好きになってね

Ｎｏｔ　ｙｅｔの『なみのりかき氷』聴いてて思ったのは、わたしは彼氏になみのりの次に好きだと言われるのはいいが、かき氷の次だと腹立つ。ラーメン、カレー、うどん、焼肉とかの次なら仕方ないと思うけど、かき氷の次は嫌だ。

かき氷も京都の宇治のお茶を使用したりしてたらまあいいけど、適当に自分でシロップ混ぜてぐちゃぐちゃになるかき氷以下はちょっと…ｗ

◆猫

うちの猫、人間アレルギーかも。

◆葛藤

わたしカレーヲタのままでいてもいいのかな……？
メンヘラうざいとか敵だとか言われるだろうけど、傷ついていないと、落ち込んでないと、人を笑わせることなんてできない。笑いってわたしはそういうもんだと思う。

うーん、頑張るしかないよね。普通の幸せ（大人数の同学年とカラオケオール・ユニバ・TDL・飲み会・BBQ等のFB的充実）を手にすることは自分には絶対にできないことなんだから、自分のできることをこつこつやっていくしかないんだよ。

手条、カヲタ続けるってよ

◆デジャヴ

香山リカ　#か行でリア充度がわかる

◆トイレ

松山のアイビーハウスはカレー以外にもトイレも推せるw本当に広くてワンルームくらいある笑

◆新幹線
今日広島に帰省します。東京駅向かう〜…東京駅？ 東京駅といえばカレー！ っということでカレー食べてから新幹線乗りますｗ
山陽本線なーう。え、いま、東尾道〜尾道＠陽本線で、チラッと「喫茶・食事 ドラエモン」って店が見えたんだけどｗｗｗ

◆夢
なんか病気系純愛もの（「セカチュー」とか「余命一ヶ月の花嫁」的な）のエンディングがおしりかじり虫だった、夢を見た。うたたね。

◆首相カヲタ説
（安倍首相の高級カレー報道に対し）あべチャンがカヲタって線はナシ？笑
カレーに３５００円なんて当たり前すぎるだろ。みんなに言ってんのって感じ。↑

◆愛2
美味けりゃカレーでなくてＯＫ派か、まずくてもどうしてもカレーじゃなきゃいけない派かは、そもそも愛の捉え方が違うのではいいか。美味しければカレーじゃなくてもＯＫというのは、愛のある料理なら良いとは矛盾しているのか否かを掘り下げる必要がある。

愛は、スピードと忘我が不可欠で、自分を形成してるからだのなんだの言ってる場合じゃないくらい訳の分からない力で、どうしようもなく突き動かされるものだ。それが愛じゃないなら「愛はいらない」。

◆フィールドワーク
今日は「プルニマ」@三ツ沢上町にフィールドワークしてきました！

ナンは種類を選べるしお代わり自由だし、カレーも選べる種類がたくさんあるのに、一人約1800円という破格。そして量が凄まじいし辛さもしっかりしてるので、全部一口ずつしか食べられなかったくらい（笑）

そしてパパドマサラフライに初挑戦！

想像以上にカプサイシン系の辛さが強くて、友達と二人、最後のほうは鼻水やクシャミと戦いながら食べてました笑。しかし美味しかった〜。パパドの塩気と、野菜の辛さがピッタリ！

◆スピード
一体何が何だか分からないくらいものすごいスピードの毎日で、気が付いたら60年経っててあと10秒で臨終、みたいな人生を送りたい。

◆孤独のグルメ
そういえば『孤独のグルメ』読んでみた！仕事の関係で、ランチタイムとディナータイムの魔の時間に突入してて、何も食べられずいつも空腹ってすごく自分に似てて笑った。

◆○○女子
カレーのことで泣いちゃう系女子です。

GARAさんのしらす&たらこナンが美味しそう過ぎて泣ける……うう……

◆三連休
三連休乙でした。千葉シタールに始まり家カレーに終わりましたな（笑）カレー充であって、決してリア充ではないです！笑

◆フィールドワーク2
今日は「スパイスキッチン　ムーナ」を目指していたのに、なぜか「スープカレー　心」にいますw下北沢たくさん有名店ありますよね〜。

「茄子おやじ」とか「般。若」とか。

行くカレー屋を決めて向かってたはずなのに、道中に別のカレー屋があったら、ついついそっち行っちゃうよね笑

◆゜般若
松尾貴史を松尾伴内と言ってしまい恥ｗｗ松尾伴内のカレー屋なんて行きとうないでござるよｗ

◆すしアカデミー〜仕送り編〜
カレーばっかり食べてる件でついに母親が怒り、これですしアカデミーに行けと言われ、仕送りされた……ここまでしてもらったからには行かなきゃいけないんだけど、9月中は予約満席どころか、電話すらつながらねえ。

◆欧風
ひょんなことから、今日は珍しく欧風を食べることになりましてん。
ペルソナ。欧風カレーはいつもハーフで!

◆ランチ&ディナー
昨日は、昼は超小さい（ピン球くらい）カレーパンで、夜はイエローカレー。

◆自炊
沢山の方から、わたくしの食生活がオカシイ件についてご指摘と叱責をいただいたため、炊事期間です。

自炊することをすごく難しく考えてたけど、具体的な一日の流れとそれに伴った「炊事」の捉え方を教えてくれました。

散々わたしは、自炊とは日常であるため抹殺すべき対象だとかマジキチなことを言ってますが、日常を肯定するということの意味を考えてみました。そもそも世間のいう非日常でさえわたしにとっては日常なのが憂鬱でした。

今思い返すとたくさんの忠告があったと思います。なのに、聞く耳を持たなかった自分が情けない。みんな現実を愛してくれてて、彼らの現実の中に日常はあり、日常の中にわたしがいて、彼らの救いの手はわたしに差し出されていたのというのに。

バカじゃないから失う前に気づくけど。それでもやっぱり普通の幸せはいらないし、それが日常だなんていうなら、日常とやらは抹殺しなくてはならない。体力がないし。そして尊厳を回復できる、すばらしき新しい世界で生きていくしかない。

というわけで、明日の朝昼用の炊き込み御飯仕込みだん。キャベツ、コンソメ、ツナ缶、キノコ、ハムをぶち込んだ。結局なにがなんだかわからないものができあがりそう。

◆体力

体力の問題は大きい。普通の幸せは体力が必要。

◆すしアカデミー～予約編～

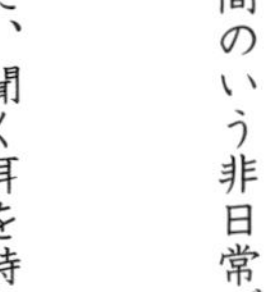

あ、そういや、すしアカデミー予約できました！　しかし10月の日曜日ランチ帯、1日しか空いてなかった……(、Д,`)笑

◆夢2

夢で、そこまで仲良くない友達とタイに行って喧嘩して帰国した。起きた時、めっちゃ疲れてた……

(/_;)笑

◆矛盾

カレーが好きなので、今日こそ大勝軒（つけめん）なう。（矛盾）

◆フィールドワーク3

今日はフィールドワーク！（ただカレー屋に行くだけw）

教えていただいたカレー屋に行く↓改装中で開いてなかった↓検索して出てきた近くのカレー屋に行く↓高級店だった↓冷や汗↓店員「(半笑でメニューを差し出しながら）メニューでワカンナイのがあったらいつでも説明しますのでw」↓（若干イライラ）↓涼しい顔で注文↓店員「あいつ、できる！」

◆H・A・P・P・Y

大和のディピカが店名変更してた。まさかの「HAPPY」という名に……あべこうじみたい。

◆アイドル
尊厳の回復のみでしか救われないんだけど、小中高で尊厳をボッコボコにされているので難しいところではあるよね。わたしは小中高生の女の子に優しくされたことがないから、今、アイドルに惹かれてるんだと思うよ。

◆恋愛
恋愛によって救済されないって自覚していれば、自分が救われないことがあったとしても相手のせいにしなくてすむじゃん。そっちのほうが相手のことも愛してると思うわ。

◆親バレ
ところで、カレーばっかり食べてる件がまた親バレ（）して、またまた怒られた（笑）そして大量の和菓子洋菓子と果物が送りつけられてきたよう……こんなに食べれんぞい…笑

◆ピンザカレー
ジュニア氏おすすめのピンザカレーをいまさら注文した。

◆ステマ
唐突に「他人のステマは自分の食事」というフレーズを思いつく。
意味：①他人がステマし、高評価するお店に行き食事をすること。

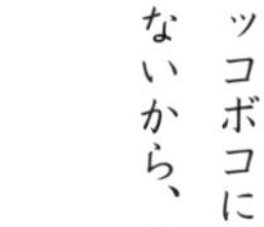

②他人が自分の仕事を宣伝（ステマ）してくれることにより発生したお給料で食事をすること。

◆キメたかった～ＹＥＳ！
カレーキメたった…。でもあまりキマらなかった…か…（゛・ロ・）…ぐぬぬ

◆関西
関西はご飯が美味しい（´く｀）
炭水化物だけじゃなくて何でも美味しい。適当に店入っても絶対美味しい。しかしその分、チェーンはヤヴァイ気がしますｗｗ

◆ムスリム系カレー店
ムスリム系は男尊女卑気味だから接客もきびしー気がするけど、北インドとかネパールはめっさユルイし、優しい気がするから好きだ（ものすごいバイアスｗ

◆アールティ
カレー本当美味しかった！　しかも接客は、いままで行ったお店の中ではサウェーラの次によかったと思う！　今度はみんなと行きたいなぁ＼(ﾟoﾟ)/*
秋葉原のアールティというお店でした（´く｀）

◆すしアカデミー〜桃源郷編〜

まあ、すしアカデミーは桃源郷だったよね。

◆ナシゴレン

メニューにカレーがあるのに気が乗らずナシゴレン注文@インドネシア料理店↓わかってたことだが、味がチャーハンに酷似↓やっぱりカレーにすればよかった↑イマココ

◆優しい地獄

以前から気になってた職場近くのカレー屋さんに行ってみたら、超まずかった。まずいのに店員さんがすごく優しくて、だから辛（つら）くなってヤバかった(-_-;)

食べててつらくなるくらいまずい料理って本当に意味がわからない。

まずい(ヽ・□・)……

◆0・03

悪いことは重なるのかな？　なんで駅のホームにサガミオリジナルが落ちてるんだよ……

◆トプカ

今日はトプカさま行ってきてん／(^o^)＼あそこは接客がすごくいいんだよなぁ(*^^*)

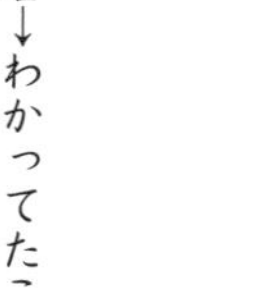

◆パスタ
今日は久々にパスタ食べた。たまには食べないとマジで味忘れる。

◆炊き込みご飯
今日イチは、渾身の自作炊き込みご飯（↓◆自炊）の説明をしただけで「なにそれw」と一蹴されたことですかねwwwwなんかワロタわw

◆カレー納め
ねぇねえ、昨日でカレー納めのはずだったのにね、東京駅着いたらついついエリックさんに向かっちゃったーー／(ﾟoﾟ)＼

◆ザギンでシースー
今日はザギンでシースーです。その前に一仕事。

◆デートでサイゼは是か非か論争について
デートでサイゼに連れて行かれるのは是か非か、の件で盛り上がっているようなので。考えうること。
①田舎だとサイゼが珍しいので田舎出身者だったのかもしれない
↓これは私もド田舎出身だから分かるんだが、ポムの樹やらスタバが地元で最高にお洒落で美味しい店ってことになっちゃってる。サイゼは名古屋に多いんだっけ？　馴染みのない地域生まれだと案外このケー

スかもよ。

②ファミレスはメニューにカロリー記載しているのがうざい
↓わたしがファミレスに行けない理由はこれです。いちいちうるせーってなります。

③「デートでサイゼに連れて行かれた話をして爆笑しあう」からの「デートでサイゼはアリかナシか議論する」という一連の流れをやりたいから↓私は正直これがやりたいので、「ナシが濃厚かもしれない」という前提からじゃないと議論に入れないため、一応議論前の段階ではナシの立場をとってますｗ

つまり、ガチで議論内容に興味があって議論したいのか、それともコミュニケーションとしての議論をしたいのかって話だよねー。わたしはサイゼの件もきのこたけのこ論争と同じく、いわばどうでもいいのでコミュニケーションとして消化したいんだけど、

セクシャリティが入るとろくなことにならず、「好きな人と一緒ならどこでもいい！」うんぬんの反論を受けることになってしまうので、触らぬ神にたたりナシなんだけど、ついついこういうこと言っちゃうよねーｗ

◆ホーリーナイト
明日は仕事でクリスマスなのにそば打ちっす。いろいろと納得いきませんが（笑）、はよ寝ます。

◆半額
火曜日半額カレー屋さんに。これで580円だっけ。安いけど、定期外なので交通費のことを考えるとトントンかも（笑）

◆原点
今日は、母校の大学生御用達のヒマラヤキッチンさまに行ってきました。OG・OBにとってのネパールカレーのデフォルトは、ヒマラヤキッチンなんじゃないかな？　きっと人生ではじめて食べるネパール系のカレーはここだからね。

◆スピリチュアル
パワーストーンバーなるところに行ってきました。面白かったです／(ﾟoﾟ)＼なぜかカレーとカレーうどんも出てきました。

◆夢の海
ディズニーシーにいってきまして、そこでもカレーをいただいたわけでございます。

ちなみに、カレー屋さんはCASBH　FOOD　COATというフードコートで、ハウス食品の提供でお送りいたしておりましたそうです？

匂いにつられてカレー味のポップコーンも食べました。

個体によって味にばらつきがありますが美味しかったです。

◆マサラムービー
久々に王様のブランチなう。マサラムービー特集。昔、某カレー屋で某友人が「インドには映画しか娯楽がねえのかよ！」と言って空気が凍ったことを思い出すｗ 懐かしくて、愛すべきカオスな思い出！笑

◆紅茶王子
紅茶王子おもしろいな笑。食べ物とか飲み物系の少女漫画って、なんかいいねえ

◆1月22日
たまたまカレー屋に行ったらカレーの日でした（笑）

◆分け入っても分け入っても
超久々に山頭火いってきました。

◆部活動（帰宅部）
レモンの蜂蜜漬けを作っている…って部活のマネージャーが好きな先輩にあげるみたいじゃんね！笑。

◆要はつまらない

予定調和の想定内カレー。

◆あけおめ
タイ料理店にて新年会？　でしたー。

◆カレー初め
カレー初めが、まさかのカレーうどんなのでノーカンかしら、これ…笑

◆破産寸前
ホスト通い（ロイヤル）

◆図書館
今日は「食の文化ライブラリー」という、味の素が運営している、食べ物についての本専門の図書館に行ってきました。カレーの文献たくさん借りました(*^^*)食べ物や文化毎にカテゴライズされてるのですが、まさかの「カニバリズム」が…！

◆生気
蜷川実花のアプリを使うと急に此岸のおでんが彼岸のおでんになります。
ちなみにうどんや動物もこの世のもの感が消えます。こわいっす。

◆芸人さんのうどん屋
オモロー山下さんの、「山下本気うどん」に行ってきました～。

やましげさんのうどん屋さんは美味しかったけど、最近は讃岐うどん屋さんは都内にも多いからどうしても他と比べるとアレだよね…。

なんだろ、でも、わたしはあの麺は好きだよ。評判良くないみたいだけど、わたしはあんまりコシ強いの苦手だから、あの麺は好きだ。


多分、麺の量が多いのに、具は少ないのかな？ でも山下さんは優しかったです。

◆アボカド
アボカドを半分こにして、それに塩ふってスプーンでくり抜いて食べるのが好きなので、今日は会社にお弁当バッグにアボカド（半分）と食卓塩一本とスプーンを入れて持って行ってお昼ご飯にした……までは良いんだけど、そのカバンごと、電車か夜行ったカレー屋に忘れたｗｗｗ

◆29日
昨日の夜中に肉焼いて食べたという奇行をしてしまった。いくら29日だったとはいえよくなかったね。

（；；）

◆有名店

能見台なう。仕事。帰りにガネーシュ行ったんねんうひゃひゃｗとか思ってたけども、夜は都内で打ち合わせだったことを思い出し……（；；；）

◆白いカレー

帰宅したー。昼はチャボさん行った／(^o^)＼

食べるのは明日だけど、ホワイトカレー自分でも試作してみる……あんまり白くない！／(^o^)＼

◆芸人さんのラーメン屋

帰りにＨＥＹ！　たくちゃんのラーメン屋さん行ってきた。

両親の地元の松山に「瓢太」というラーメン屋さんがあるんだけど昔から両親はここを推してたな。最後に食べたのは私は15年くらい前だけどそれでも覚えてるほど美味しかった。この店のスープが似てたんだよ。このタイプの味は珍しいから嬉しかった。

◆自炊２

私は自炊自体を非難してはいなくて、自炊をするだけで愛が表現できるという考えはどうかと思ってる。愛ってそんなもんじゃねーだろ。と。

◆有名すぎる店
スパイスカフェに行ってきました〜／(゜o゜)／念願／(゜o゜)／
カレーもだけど、前菜が神だった……多分、すごく勉強されてるのがわかる感じ。

◆寿司のために
今日夜はザギンでシースーにつき、絶食中。しかし辛い…

◆エンゲル係数100超
ザギンでシースーだん！ 平伏せ愚民共！ ふははは！ (エンゲル係数100超フラグ

◆回文、ではない
うになう

◆酔い
チューハイー／2杯でベロッベロでどうしようもなくなったので、公園で涼んでた。……よせばいいのに
ブランコを見つけて漕いでしまったら、当然だけど酔いが悪化した……き、気持ち悪い…

◆朝食
明日の朝食の野菜スティックを切り終わった。

郵 便 は が き

料金受取人払

麹町局承認

7706

差出有効期間
平成30年6月
30日まで
(切手不要)

102 - 8790

108

(受取人)
東京都千代田区富士見 2-2-2
東京三和ビル

彩流社 行

---

●ご購入、誠に有難うございました。今後の出版の参考とさせていただきますので、裏面のアンケートと合わせご記入のうえ、ご投函ください。なおご記入いただいた個人情報は、商品・出版案内の送付以外に許可なく使用することはいたしません。

◎お名前《フリガナ》　　性別　男 女　　生年　　年

◎ご住所　　都道府県　　市区町村

〒　　TEL　　FAX

◎ E-mail

◎ご職業　1. 学生（小・中・高・大・専） 2. 教職員（小・中・高・大・専）
3. マスコミ 4. 会社員（営業・技術・事務） 5. 会社経営 6. 公務員
7. 研究職・自由業 8. 自営業 9. 農林漁業 10. 主婦
11. その他（　　　　　　　　　　）

◎どのような媒体をご覧になっていますか（雑誌名・WEBサイト名等）

◎ご購入書店　　書店　　都道府県　　市区町村

# 愛　読　者　カ　ー　ド

●お求めの本のタイトル

●お求めの動機　1. 新聞・雑誌などの広告を見て（掲載紙誌名→　　　　　　　）
2. 書評を読んで（掲載紙誌名→　　　　　　　）3. 書店で実物を見て　4. 人に薦められて
5. ダイレクト・メールを読んで　6. ホームページなどを見て（サイト名ほか情報源→
　　　　　　　）7. その他（　　　　　　　）

●本書についてのご感想　内容・造本ほか、弊社書籍へのご意見・ご要望など、ご自由にお書きください。（弊社ホームページからはご意見・ご要望のほか、検索・ご注文も可能ですのでぜひご覧ください→　http://www.sairyusha.co.jp.）

●ご記入いただいたご感想は「読者の意見」として、匿名で紹介することがあります

●書籍をご注文の際はお近くの書店よりご注文ください。
お近くに便利な書店がない場合は、直接弊社ウェブサイト・連絡先からご注文頂いても結構です。

弊社にご注文を頂いた場合には、郵便振替用紙を同封いたしますので商品到着後、郵便局にて代金を一週間以内にお支払いください。その際 400 円の送料を申し受けております。

5000 円以上お買い上げ頂いた場合は、弊社にて送料負担いたします。

また、代金引換を希望される方には送料とは別に手数料300円を申し受けております。

ＵＲＬ：www.sairyusha.co.jp
電話番号：03-3234-5931　ＦＡＸ番号：03-3234-5932
メールアドレス：sairyusha@sairyusha.co.jp

◆アザブジュバーン
うちの母親は、「麻布昇月堂　一枚流し」が好きすぎるがゆえに、最寄の百貨店のバイヤーに入荷するように頼んでるらしい…で、たまに本当に入荷してくれるらしい…さすが田舎の百貨店…笑

◆ムーナ
下北沢のムーナ、先ほど行ってきましたが、おそろしく美味しかったです！

◆つながるカレー
こないだのカレー会行って折れた心が復活した。カレーのせいで傷つけられるならもういいやって思ってたけど、カレーで人と人だけじゃなくていろんなことがつながってることが分かるのは本当に嬉しかった。こういう瞬間を集めていくことで少しでも日常に速度をつけたかったことを思い出した。

◆お菓子
今日は打ち合わせのあと、ひろしま菓子博に行った。お菓子の博覧会です。

◆コラボめし（成功）
わたしもヤエチカでクレしんコラボ焼きそば食べた！

ぼてぢゅうの店員さん、超優しかった！　新幹線の時間に間に合うか気にしてくれて早目に出してくださっ

た…(;_;) 美味しかったです。

◆やるき
さて、スパイス＆ハーブ居酒屋やるきさんにおじゃましてきました。　スパイス秋刀魚がＭＶＰ＼(^o^)／

◆カレー界の２ＴＯＰ
カーマとデリーはカレー界のじゅりれなだろ割とマジで。

◆キャッチフレーズ
みーんなのカレーをいただきまゆゆ。　それが俺！　（やな奴だなｗ）

◆体力の問題
ここ数日サブウェイしか食べてなかったので今日こそカレーに行きたいけど、　店に行くまでの体力がない。

いつものことだけども…

◆失神
久々の超絶辛ぃカレー！　マジで気ィ失うかと思った‼

◆地獄でなぜ悪い

カレーがあまりにも辛くて口内と胃が幸せな地獄（笑）泣きながら牛乳買ったなう（笑）

◆本人不在
友人とシズラーにて、某ジャニーズメンの誕生会（もちろん本人不在）なう／(゜o゜)＼

◆エンカウンター式
偶然一時上京してたらしい香川の友人とばったり会って、その流れでたまたまあった香川の店の鶏を食べに行った笑。何もかも偶然に身を任せる。

◆和民
（渡邉美樹氏の当選について）この際なので私の立場をはっきりさせておくと、ワタミを受からせちゃう民衆の気持ちはわからんでもないが、だからと言って政治家になる理由もないと思う。で、ちなみに飽くまで私個人の感想ですが、ワタミさんのお料理は口に合いません（笑）
ほんまにこれは飽くまで私個人の意見ですよ！（笑）でもね、本当にまずｒｙ
偉い人に勧められたからしかたなく半泣きでフィッシュ＆チップスを食べたトラウマが…泣ｗ
ミキティーーーーーーーー

◆やよい軒

やよい軒で夕食。食べ終わったのだが、私の席からちょうど見える外の路地で、今にも何か始めちゃいそうなほど熱烈なチッスを交わしとるカップルがおるので、ガン見しております。

よってまだ店を出られない＼(゜o゜)／

◆檸檬ではない

うわっ！　電車の座席に何者かが置き忘れたと思われるおむすびケースがっっ笑
梶井基次郎的解釈をすると、こいつは爆弾かもしれんな
勇者がおにぎりケースを除けて座った笑笑

◆町

基本的に史実と町のなりたちが気になるから、ある同じサービスを行う店舗をデータベースとしてとらえたり比較したりする行為に興味があるのね。だからカレーでなくカレー屋にハマってたし猫カフェとかトイレとかマッサージ屋が好きなわけよ。で、まったく同じ理由で心霊スポットが気になるというね。

しかも心霊スポットは史実に加え、割と新しめの事件をも参照してることが魅力。これは、事故物件も然りだけどね。しかーし、いつもこういうヲタ活が頓挫してしまう最大の理由は、わたしはオバケがめっっちゃ怖いという（;_;）（;_;）泣

◆東京ラーメンショー
東京ラーメンショー行ってきたけど、好きな感じのラーメンなかったから何も食べなかったよ！笑

◆日本印度化計画
俺に！　カレーを！　食わせろ！

◆コラボめし（失敗）
『デュラララ』と池袋ナンジャタウンのコラボ。

私の大好きないざやくんをイメージしたという餃子ですが、クロゴマペーストが絶望的にミスマッチで、世にもやばかったです。

◆聴けるカレー
カレーセットリストを作りました！笑
恋の400Mカレー、カレーのちライス、カレーライス学校、カレーライスの女……

# こじらせた日々・・・

「カレーのことばかりをつぶやきたい」という気持ちはあるし、「カレーに特化したつぶやきのほうがみんな喜んでくれるはずだ」ということも分かっている。しかし、どうしてもこじれまくった日々と、カレーを食べ歩いている日々は切り離せないのである。それは、カレーについて語るということは、他の食べ物をトピックスとする場合よりも多くの趣味・思想・クラスタの人々と話をすることになるため、より多くの文化的バックグラウンドについて知っておく必要があるからだ。また、自分がカレー以外の事象について、どのような立場でどのようなことを考えるのかということを把握することによって、カレーを食べる・評価するにあたり、さらに新しい視点を取り込むことができる。

カレーについての話だけを聞きたい方には非常に退屈な戯言だろうが、こじらせた日々を振り返ることもまた、カレーを愛し、そしてカレーへの無駄な幻想を殺すためには必要な作業だろう。

◆映画『青い春』について

九條が青木と仲違いをしてしまう、つまり、九條が青木に愛想を尽かす決定的瞬間は、青木が必要以上にレオを殴る時。わたしは、この時の九條と同じような愛想の尽かし方をすることがよくある。それは、同性の友人がとんでもないクソビッチだと知ったときだ。

特定の恋人のいない段階でいろいろある分には何とも思わないが、「恋人もいるのに」ネットで会った人からお金を頂いて云々とか不特定多数がどうだとかサークルやゼミ内の相関図がえらいことになってるとか

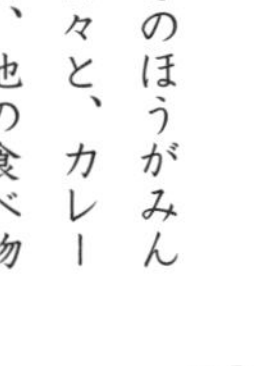

いう同性の話を聞いた瞬間に、愛想を尽かしてしまう。

つまり豊田監督の忌み嫌う反社会的な暴力は、わたしにとっての同性の性的だらしのなさなんだろう。

だけど豊田監督は反社会的な暴力を、脱社会性で自滅させるのだけれど、わたしは同性の脱社会性（つまり性的だらしのなさ）が忌々しいとなると、話がややこしくなってくるのではなかろうか…

でもあの九條が青木を見放す瞬間に向ける眼差しが他人事とは思えないからすごく怖くなった。あの見放し方は間違いなく自分のようで戦慄した。

『青い春』は、どうも感情移入をした感想が湧いてしまう。冷静になれない。

◆映画『アンチェイン』について
大体の現実の人間関係ってフィクションでもない限り「嫌いなんだけど距離をとりたいんだけどどうしてもほっとけないしついつい相手にしちゃう」っていうのがほとんどだと思うんだけど、まさしく『アンチェイン』の彼らの絆のモデルはそういうものだった。そういうリアルな人間関係を感じると勝手に救われる。

豊田監督のテーマの一つとして、「夢や目標を持つことは非行を防ぐ手段である」＝「最後には現実に着地しなければならない」というのがある。夢からの卒業の儀式は人それぞれで、目の横の傷や友人の彼女を奪って家庭を持つことだったりする。

それができない梶のような存在は、暴動の衝動が抑えられないし、強制的に夢から醒めさせられるために、夢を内包した現実から隔離される病室へ向かわされるのである

たとえば、『青い春』の青木が、それまで忘れていたというパイロットという夢をその「儀式」の直前に口にすることからも分かるように、夢をもったままだと大人になれない。あの青木の死は、『青い春』を殺し、それに祈りを捧げる追悼のように感じる。

九条が「幼馴染」ということからも分かるように、青木の九条への思いからあの儀式に走ったということは、やはり彼の青い春への別れのための行為だった。

そして「とある事情」でその儀式をすることができなかったのが我々1989、99年組である。わたしはその日のために、ほとんどの女子のように袴ではなく真っ黒なドレスを用意した。それを着ることは叶わなかったし、そのときは理由も分からなかったけれど、あれは学生の自分を殺したかったのだろう。

そしてあの時殺しそこなった学生の自分の亡霊がいちいちやかましい。最近特に。もしあの時、あの儀式さえ行われていたらある程度諦められただろうに。学生の文脈での幸福さを実名SNSで見せられると、いくら今の自分が満たされていても、わたしの充実は彼らにとっては無効なので何の意味もない。

◆絶望という名の地下鉄

本当関係者には失礼極まりないけど、あの電車は地獄に向かってる気がする。地下の闇が他の都営よりもメトロよりも暗い。もちろん深さなんて単純なことだけじゃなくて。発車音を聞くだけで、不安定になって、冷や汗と震えが出てくる。

団地（主に高島平）が怖すぎて、三田線にも乗れないくらいなんですわ。一度克服のために高島平行こうと思って乗ったけど、春日で気が遠くなってリタイアしたことがある。

ずっと昔から団地がすげー怖いんだけど、怖いもの見たさで気になってるのも事実。『団地団』の巻頭グラビアをうっかり見てしまってクラクラした。数ある団地の中でも、やっぱり高島平だけは一味違うわ。ツアー行きたいけど怖い。まずは団地団ライブからかな…

◆愛について

愛しているモノを肯定する過程に、モチベーションとか自意識とかはいらないしどうでもいいし、本当にそのモノを愛してるなら、んなこと関係なしに勝手にいろいろやっちゃってると思うよ。

あと一個だけ。わたしは無意味に人を分類するのは嫌いだけど、ものを分類して、それを同じ空間や平面に混在させるのは大好きなんだけど、それと同じように愛は人に向けるものじゃないと思うようになった。愛はそのものの価値を認めること。

人は生きてる限りそのものの価値を認められるところもあれば、本当に価値を見出すのが無理なところもあったりするし、生きてるからなにもかもが変動するし、その人自体を認めることすらできないことになるかもしれない。でも、だからこそ圧倒的な力で惹きつけられるんだと思う。

◆映画『空中庭園』について

豊田利晃監督の『空中庭園』について連投します。前に見た時は団地とショッピングモールのニュータウンブームの閉鎖性がおどろおどろしいと思ってただけだったんだが、今回は母娘問題やトラウマの構造、（これは団地ともかかわるが）虚構の家族、に目が行った。いろいろ含めて考えると、ラストの血の雨は何のメタファーかは、分かりやすいはず。わたしは、生理だと思う（個人的な意見です！笑）

つまり、エリコは初潮のころから引きこもったりいじめられたり母娘問題だったり、いろいろ問題を抱えており、人工的に生理を止める（＝妊娠する）ことで、「虚構の」幸せと家族と、その舞台である団地を手に入れ、それ以来演じ続けるのであるが、よくある記憶の改竄、あるいは本当に思い違いをしていたことに気がつき、トラウマを克服した。

その時に血の雨が降るわけだが、これは最後の生理の暗喩なのではなかろうか。年齢的に考えてもおかしくはないし、セックスレスという描写からも連想させられる。空中庭園＝地に足がついてない団地と、ラブホ＝「着床」した場所である窓のない空間が対比されていることも考察した上で。

要するに、初潮から上がるまでの物語として捉えられる。生理から開放されることで、トラウマを克服し家族からの愛も確かなものと認識できるし、そのための妨げとなる因子＝ミーナは、団地のように逃れられない閉鎖空間＝故障したバスから自力で逃避し、排除される。

克服のために母親は死なない。会社に行かない父がスーツしか着ず、おそらくサボりがちな息子は学ランしか着ず、学校に行かない娘はブレザーしか着ないように、徹底的に家族を演じている。しかしその原因が自分だったと気がついた時になんだかんだの愛で救われる。

しかしそれはやはりとってつけたようなものでしかありえない。家族の幸せは、そういう形でしかありえない。

つまり地に足がつかない空中庭園のような団地や閉鎖空間は、生まれてこない血の塊のように神経質なものであるが、それは自分のただの思い違いだったと克服すると、空中で立ち止まることも許せるということかね。主題歌はＵＡの「この坂道の途中で」だしね。

わたしは坂道の途中でダラダラしてる奴が大嫌いでスピードに任せたいのに、できない自分も嫌いだったけど愛とか幸せとかは坂道の途中を肯定することでしか成立しえないとよく分かりました。

それが嫌なら不幸になるしかないけど、やっぱりそれは嫌だからな。

「人はみんな泣きながら生まれてくるんだよね、血まみれでね」って台詞が一番好きなんだけど、地に足がつかず（着床せず）生まれなかったものも血まみれだしな。
しかもいま気がついたけどさ、男性が主人公の『ポルノスター』で降る雨は血じゃなくてナイフってさ、めっちゃ対照的！　うわ、鳥肌！
そもそも誰も空間庭園が生理の話とは言ってないし！（笑）　しかし、最初のシーンで初潮の話になってたり生理用品が出てきたり基礎体温の話があったり…やっぱり生理の話ですね（笑）
だらだらとメモすみません。わたしは生理の描写がないにもかかわらず女々しいものは生理の匂いがして嫌いですが、生理の話に見えても生理の匂いがしないものはすごく大好きです。なにを言ってるのかと思うでしょうがw
血とナイフ血とナイフ…むにゃむにゃ…
豊田監督の映画って痛みを伴うイニシエーションが見所なわけだけど、まあ、そういう時に血は流れるわけだけど、その瞬間に死にもするけど、同時に蘇りも意味してるってことでしょ？　だから彼の映画において血は蘇り、成長などを意味してるのは明らかだよね

◆アリスインワンダーランド

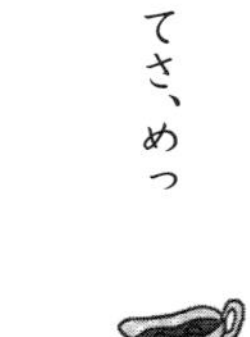

そういえば、こないだ青山劇場に『アリス・イン・ワンダーランド』観に行ったよー。面白かった。隣の席のお姉さんが、超詳しくていろいろ解説してくれて嬉しかった！

で、「うさぎ役の彼は○○さん（某女性タレント）とつき合ってるらしいよ」と教えてもらったので、「あ、じゃあ、役はうさぎですけど、夜は野獣なわけですね！」と言いかけたけど、初対面の人に言うことじゃないと寸前で気がついて良かった…

◆美形と醜形

美形は超好きだけど、醜形も嫌いじゃないなあ。どっちも非日常で。両者の違いは、前者は恐怖を遠ざけ、後者は恐怖を呼び寄せるところくらい？　かねてより勧められてた『不安の種』を、今日ちらっと読んだけど、古谷で醜形慣れ（笑）してたから思ったより大丈夫だったｗ

◆平等

『夜遊び三姉妹』にてナイスバディーのお姉さま方を見た加藤夏希がミツウラに「ウチラはああなれないね…」って言っていたのが印象的だった。というのも、一見、美形と醜形で正反対の存在とされている彼女らは「貧乳」という分類においては一緒に「負け」にされてしまうことが当たり前だけど衝撃だったから貧乳なんて下品なカテゴリーいらねーだろ、と、いままで思ってたけど、なるほど、正反対の女の子たちを平等にする条件の一つであるなら、あってもいいかもと思った。

まったく違うタイプの女の子たちが平等になる「条件」が、わたしは好きなのだろうな。たとえばジャニーズ。彼らのもとでは、どんな美形も醜形もリア充も非リアな女の子たちも等しくただのファンでしかないが、彼らから平等に愛も与えられる。

しかし「生理があるから」とか「女である」ということで同じ苦しみを味わっているから平等だ、という考えになると、それはすごく身体的過ぎて本当に苦手である。なんかそういう根拠のないというか、自分の愛を介してないシスターフッド的なものが本当に生々しいだけで嫌い

趣味や、美人・不美人とはまったく無関係な属性を介さない女性同士の等しさはどうしても生理のことになるし、やれあの子は美人だブスだという話になって平等でなくなるし、それは本当に面白くないと思う。ヒエラルキーがあること自体は大歓迎だけど、判断する人の好みによるようなもろい不平等は要らない。

まあこの等しさは宗教も人種の違いも（少なくとも表向きには）ない（とされている）日本特有の関係だと思うけどね。でもだからこそこういう類の愛がどうしても好きなんです。だって元々自分と関係なく何もないところから誰かを好き（しかもメディアを通して一方的に）って相当の熱量がいることだもん

◆千原ジュニアサイン会神対応

ざっくりいうと神対応でした……信じられない…

ごめん、めちゃくちゃ泣いてる、今。

充電ないけどざっくりレポる。

私　こんにちは。

J　こんにちは～！

私　あ、あのう昨日、チハラトーク…行きました（消え入りそうな声）

J　お、ありがとう。（しばし沈黙）

J　（サイン書きながら）…面白かったか？

私　‼　は、はい、面白かったです…ら、来月のジュニア寄席…

J　お！　来る？

私　は、はい…行きます

J　来て来て♪

私　（もう泣きそうなので顔を伏せる）

握手

J　（覗き込み、少なくとも今までの握手会では見たことない笑顔で）ありがとう‼

私　ふぇえ…（涙目）

はあ～浮かれる。冴えないことばかりだったけど、本当にプラマイゼロ！

これ、アイドルの握手会に比べたら全然だけど、少なくとも今までの中では一番だった！

◆恋愛禁止条例
あれ、おかしいなぁ。夢を追う学生は恋愛禁止のはずなんだけど。

わたしは恋愛禁止支持派ですよ。それでも恋愛したいなら血煙純情で‼

あるいはキスしたあとにジャックナイフの雨が降るような、98年の渋谷での恋なら。

あー。岸和田見たくなってきたな（笑）しかしVHSしかないので再生できない笑。

90年代の東京は言うまでもなくアジア的にごちゃごちゃしてて、それよりも90年代の大阪はもっともっとごちゃごちゃ＝「WACHACHA」な世界だったんだろう。だからこそ『ポルノスター』にて関西弁を話す男＝荒野が、ごちゃごちゃとした98年の渋谷にて他者として活きるんだお／(ﾟoﾟ)＼
◆お笑い
松本人志のしたことが教養主義の否定ならば、千原浩史のしたことは義務教育（的なもの全て）の否定そのものだと思う。

まあ、状況生成的な空間に、DTや他の先人の何者にも影響を受けていない存在が颯爽と現れて「オチをつけることでオチが意味を持つ」（つまり、日常を終わらせたい意志がある）ことを明確に表明したチハラ

が、あの頃もうひとつのカリスマであったのは分かりやすいよね。

ダウンタウン以降のテンプレート×自己言及するメタ視点と伏線の回収などに由来する構成力のハイブリッドなネタをするよね。それは本当に近年珍しい形。だいたいそのオチは主体の消滅、まあ、穏やかでない死であることが多いことからも分かるね。

DTのネタがオチがどこに来ても良い、状況生成に重きを置くJAZZ的なものだったとしたなら、確かにDT以降のほとんどの芸人のネタの構成は同じであり、それはカリスマに憧れた少年たちの体験そのものとNSCでの授業によりさらにフォーマット化されて強化されてるので、未だ失効しないのよねえ。

ポスト松本としての千原Jr.は、事故の前夜の松本との別れ際、透明になって消えちまったのさ。笑　若い女性がお笑いに依存しなくてもコミュニケートできるポストダウンタウンの世界は自然に発展して、そこに自然に溶け込んだのが千原ジュニアという存在なのだと思うよ。

あ、でも、「千原ジュニア」は非常に女性的で本当に本当に好きですよ！笑。Jr.のほうが批評性はあるけど、好きなのはジュニアです(^^)

ただ間違いなくわたしが一番イキイキする瞬間は、90年代の大阪と東京をつなぐ存在としての千原浩史（あるいはJr.／あくまで「千原ジュニア」ではない）について考えを巡らせているときでございます

m(_ _)m グフ。

つまりWACHACHAという混沌の中の方が、よりニュアンスでコミュニケーションが可能なので生きやすいに決まってる。しかし豊田利晃監督が「冴えない『二丁目印』のついた女の子たち」と形容する当時の心斎橋の彼女らがどういう狂熱の中にいたのかを知ることができないのが、もどかしくて切ない。

知性は私のマシンガン、笑いは私のジャックナイフ。この世界から身を守るために必要な武器。

まあ、そんなことどうでもよくて、早く寝ないと明日も仕事です。笑　おやすみ。

◆想像上の夏

想像上の夏は好きやで。　しかし現実の夏は……地獄でしかない……

◆サロン

だいたいサロンへ行く理由は結果（髪を染めたい切りたい、ネイルをかわいくしたいなど）よりも施術されている時間という「体験」の方にお金を払っているつもりであった。話せて楽しいし気持ちいいし結果は二の次。しかしそう思えるのは、大失敗という結果が絶対にない確信のある場合のみだと知った…w

◆少女漫画

母親(65)から「古谷実ばっかり読んでないで、たまには少女漫画もお読み」というメールが笑。うん…最近は、「天ない」とか読むようにしてるよw

◆ダンス・ダンス・ダンス

ダンスレッスンしてたらこんな時間(笑)ジム併設のスタジオで無料だった(笑)

いやー、踊るのは楽しいねえ。全然ついていけなかったけど(笑)でも本当に楽しい!

「何もかも間違っているように感じられても音楽の続く限り踊る」しかないし、「同じ阿呆なら踊らにゃ損」だし、私は「踊る」ことが好きだよ。目的や結果よりも、「踊る」こと自体が。

◆サロンとダンス

ギャルと喋るためだけにネイルに行く。

あり得ない低価格のサロンを仮予約。どうなるか(笑)

代替可能なコミュニケーションなんて、客としていくらでもできるじゃん。たとえばネイリストと客である私の関係は、どちらが別の人と入れ代わっても構わない。だから、そういう関係をわざわざ恋愛や友人関係でやる必要はないと私は思っているよ。

そもそもネイリストや美容師とも代替不可能な関係を築くこともあるし。

だからなおのこと、性的行為の相手を代替可能なものとしてるシステムやビジネスや個人がよく分からない。髪や爪を可愛くしてもらうために触られるならまだしも、それどころじゃない接触の相手が誰でもいいというのは分かりません。

それこそ「踊る」こと自体を好きだというように、experienceそのものに価値を見出す場合、その行為を共にする相手は誰でもいいわけじゃない。つまりネイリストが誰でも構わないと思うということは、ネイルをされる経験ではなく、ネイルをされた爪のほうを愛しているということだ。今の所は。

とにかく私は「踊る」ことが好きだ。そしてその「ダンス」が終わるのが怖い。しかし当然つまらないものに終わりがこないことは、嘆く。だから幸せが嫌い。停滞してるから。DTのネタは終わりなきJAZZ的なものだと形容されているがむしろダンスのようなものだと思う。だって終わってほしくない。

◆いじめ、不登校、ブラック企業

いじめ、不登校もそうだけど真面目だと逃げられなくなるんよね。学校に行かないとか会社辞めるとか選択できない。ダラダラ続ける方が逃げることより楽で勇気もいらないし。でも結果的に死んでまでしてやらなきゃいけないことかね。その辺は不真面目になる勇気を教えてあげないと変わらないよ。

アーティストさんや活動家さんみたいに生まれた意味とか生きる理由とか目的とか自覚できてる人ばかりじゃない。誰かに無理矢理にでも目標等を定められて、努力を強いられでもしないと、何を理由に日々を暮らせばいいか分からない人がほとんどだと思う。

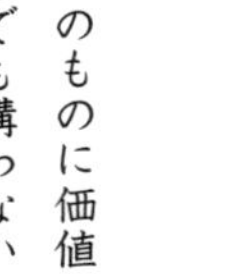

だからブラック体質の企業が存在するし、従業員もいるし、ワタミが受かっちゃうんだと思う。それが民意なんだろう。私個人はワタミは嫌いだけど、私も誰かに目標を勝手に設定されなきゃ落ち着かない類の人間な訳です。だからと言ってワタミが政治家にならなきゃいけない理由もないと思うけど。

確固たる意志のもとに生きてる人なんて一握りのはずなのに、揺るぎないものを持ってて当たり前みたいな空気は息苦しいし、他人に強いるのは変だと思うよ。まーワタミは嫌いだけどw自殺するくらいなら逃げればいい。辞めればいいし、辞めさせてもらえないなら飛べばいい。死ぬより遥かにマシ。

◆おばけがこわい

最近、「なぜハナコさんは一番目のトイレにはでないのか」について考えたのだが、おそらく人目につきやすいからだよね。つまりみなまで言わないけど、トイレで危ない目に遭わないための教訓だよね。リアリティをもたせるため、ハナコさんが女性なのは女子トイレにいても違和感がないように。

つまり、ハナコさんの話は女性をターゲットにしてることは明らかである。

…って、思わないと怖すぎるので（笑）

で、なぜこんな回りくどい教訓の伝え方をするのかというと、直接「トイレで男性によって危ない目に遭わせられることに気をつけなさい」と言うと、女性専用車論争みたいに「男性全てに警戒する」ことになるし、昔の女性は男性を堂々と警戒することができなかったから怪談という形を借りたんじゃないかね。

そしてSNSがやめられない理由は草木も眠るはずの丑三つ時なのに、みんな起きてることが分かって安心するからです……今度こそ寝るっ。

気のせいorおばけのせいじゃなければ、誰かリコーダーの練習をはじめたのだが……こ、怖い…寝たいのに怖い…

前も言ったけどオバケ（恐怖）はエロい人（ムラムラした感情）は苦手らしいんだけども、この説を打ち負かして怖がらせようとしてるのが、「オバケとHしたらマジでやばい」説だとおもう。

これもどうでもいいけど、「オバケの学校は試験も何にもない」って言ってんのに、運動会@墓場はやるのね……。どちらかというと、運動会よりは試験のほうが良いので、人間で良かったです。

あと、心霊写真に映った幽霊が肖像権の侵害を訴えて、それを放送したテレビ局前でデモをするコントを考えたけど、需要なしなんで今度こそ寝ます。

あかん、なんか怖くなってきたので、電気つけたら鏡こっち向いてたー。そりゃ怖いはずや……（;;;）もうあかんから、電気とテレビつけたまま寝ます！　ひぃぃぃぃ…（;;;）

◆OB
特定されても構わんから呟くが「大林宣彦とかわぐちかいじ以外、うちの高校卒の有名人はおらんのけ?」と思って調べてみると、ギャガの創立者がいてテンション上がった!…のもつかの間、指名手配ポスターでおなじみ、アナーキストの桐島聡も同校出身者らしい…はは…笑。

どんなメンツだよ!笑。

◆絶叫マシン
サンダードルフィンに乗って失神しました(実話です)笑
今までの人生で乗ったものの中で一番恐ろしかった。都心の日常に堂々とねじ込まれている遊園地は、ファンタジーにも物語にも頼れないので力技で浮世離れさせるしかない。だから無理矢理にでもリアルに死に隣接させるほど恐ろしくしなければならないのだなぁと薄れゆく意識の中で感じていました……
寝る前にもう一回言っておきますがサンダードルフィンは本当に危険です…わたくし、失神してしまいました(笑)悲鳴も涙も声すら出ません。ただただ、意識がなかったです笑。

◆数学
あまりにも数学がパッパラパーすぎるので、せめて入門レベルくらいはと、大学時代の教科書とルーズリーフを発掘して問題を解いていたのだが… 私にはやっぱりあまりにも難しいようで、またもや蕁麻疹のよう

なものが出かけているのでこの辺でやめておきます（・・;）

◆オカルト

知恵袋の心霊体験のQ＆A読んでたら、「千原兄と1日に2度ほど同じ場所で会った」というアンサーがあってワロタｗ 全然せいじならあり得る話だけどね（笑） いや、しかし、もはやオカルトに昇格したせいじリスペクトっす＼(^o^)／笑

◆解放区

ＮＨＫで「はだしのゲン置くならハレンチ学園も置けよｗ」と言ってたので思い出したけど（割と同意だけど笑）、ウチの中学、木村拓哉の写真集『解放区』置いてたわｗ

◆努力は必ず

努力は必ず報われるとは限らないけど、裏切らないことは知ってる。大丈夫、この世は多分、生きるに値するくらいではあるはず。大丈夫。だから今夜も頑張るのみ。

◆ドラマ

あまちゃんはあま絵とかのイラストが流行り、半沢直樹はコラ画像が出回ったのは、元のストーリーから妄想する二次創作的な物語を支持するか、元のストーリーをそのまま受け取ることを重視するかというよう両者の性質が違うドラマだったたってことね。

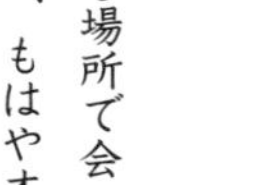

コラは二次創作（創作するファンタジー）ではなく複製できる現実だよね。そのものはそのもののまま存在するがゆえに、周りの画像などの背景や前振りのテキストに依存するところがほとんどであり、そのため、非常にシュールになるという…笑

◆松本人志監督
今週末いよいよ『R－100』公開ですな。真面目な話、テーマのSMは、地震をはじめとするあの日以来紛れ込む非日常のメタファーだと思われるお。しかし謎のメタ目線というエクスキューズに自信のなさを感じたのも事実だが、逆に言うと松本人志は自らがオワコンと言われることを逆手に取ってるのかも。

◆渋谷
たとえば渋谷だとヒカリエは、人の流れをストリートから駅ナカに変えたいということでできたとも言われているよね。これ、逆に言うと90年代感を完全に消してるんだけど、まあ90年代感は、多くの人にとって消えて欲しい、洗練の逆のようなものなんだろうなあ…

あー。一日だけでもいいから99年の渋谷にタイムスリップしたい。素晴らしい。

◆『GALS!』
最近GALS!を読み返してるが、まったく古くささを感じない。99年の渋谷は、浮かれてはいるが、退廃的な感じはないし、終末を感じさせない。99年のギャルファッションはとにかく底抜けに明るくて、彼

女らは自分たちなりの正義を全うする。まさしく「明るい未来に就職希望だわ」ってな具合に。

珍しいと思うんだよね、閉塞感のないこの感じ。渋谷だけ、あるいは郊外だけで完結してない。それはまさしく『ポルノスター』や『空中庭園』と対になってると思う。

まだ後半読み直してないけど、たしかタツキが町田から来ていたというのは注目すべきことだと思う。蘭とタツキの交際は、都市と郊外の結びつきを表しているよね。以前から都市と郊外をつないでいたものは小田急線と言われていたが町田から渋谷は行きにくいはず。南町田から渋谷は一本だけど。

つまり、郊外と都市の物理的な距離を超える予感は、ギャル文化を表す『GALS!』という作品を通して90年代後半にはすでに伝えられていたということだと思う。おそらくここは、従来なら町田と新宿で表されていたであろうところ。

それが東急線が通っていない町田に109があることから考えても（横浜線との乗り入れ構想と町田109は無関係らしいので）、物理的な距離や郊外と都市なんてすぐ埋められるってな雰囲気は、その後のIWGPや木更津や、現代のあまちゃんなどをいち早く予感してたんじゃないかと思うなどした。

髪型に関しては、2010年代からの結構重い感じのほうが好き（90年代後半〜00年代中盤はレイヤー入りまくり）。私が2次キャラが嫌いなのは、髪にレイヤー入りすぎて軽いからだと思う。でもファッション、特にギャルファッションは、やっぱり90年代のが可愛いよなあ。

完全なる推測だけど2次キャラの髪の毛のレイヤーが入りすぎてるのは、キャラを90年代のエヴァを下敷きに作ってるからかなぁとも思う。レイのシャギーとかすごいしwあの頃はリアルでもみんな髪すいてたよね笑。髪すいてストパーが、かわいいの条件だったなあ。

『ポルノスター』と『GALS!』を対比して見ていくの面白そうだけど、多分、荒野きゅんが〈要らない〉と、文字通り切り捨ててたもののひとつが蘭たちのような存在だと思う（笑）

しかしポルノスターのパンフにあるように、脱社会的な荒野が切り捨てたのは反社会的存在なのだよね。つまり、荒野はあの物語の中では社会的な存在に触れていない。蘭たちは見た目以外はかなり社会的な存在なわけで、多分この2作品の決定的な違いは、この「社会的存在の有無」ではないかしらね。

◆エリーゼのために

こんなド深夜に、外から「エリーゼのために」が聞こえてきて、本当に恐ろしすぎる。オバケこないで

―――○寝させて―――○―――○―――○こわい―――○

◆映画とお笑い

松本人志のしたことはアカデミズムの否定だとはよく言われてるよね。ジュニアは義務教育的なシステムを否定してはいるけど教養そのものは否定してないし、古典からの引用も厭わない。映画が引用の集積であることを承知してるから、あの人はあんまり撮りたがらないんじゃない？　ホラーには前向きらしいが。

◆手帳
来年の手帳が決まらない。

ブランドとかバンドとか、企業の商品やキャラモチーフも、ものすごく文脈に依存するから、一瞬のウケは狙えても、1年間ともには過ごせないなあ。

SEX PISTOLSとか、KISSとかの手帳も気になるけど……ただ、思い入れがない。やっぱりMARK'Sとかの手帳みたいに、ストーリーから切り離された記号モチーフか、キャラにしても、（好き嫌いは置いといて）なめことかくまモンみたいな物語を持たないものじゃないと手帳には重いと思うのよ。

◆ノンポリファッションモンスター
ノンポリファッションモンスターとしては（なんやそれ）、プラスチックのヒョウ柄が一番無思想で好き。そもそも動物の柄は、その動物の皮を持てるくらいリッチだというアピールだけど、動物愛護的視点で見るとそれは反対でフェイクファーとかヌードとかになるわけじゃん？

でもたとえばプラスチックのヒョウ柄って、もはやステイタスでも動物愛護でもなんでもなくて、ただただ「柄がかわいい」ってだけの理由で存在しているじゃん？　これってすごいことだと思うんだよね。しかも日本においては「大阪の女性」の象徴としても機能してるし。

・ただただ柄が派手でかわいいからありえる存在。
・強いて何かのシンボルになっているといえば、大阪の女性（おばちゃんも若い子も（NMB48））
・あるいはギャル（起源はおそらく浜崎）
これが私がプラスチックのヒョウ柄について思うところ。

先日の会議でも出た話だけど、イギリスでは王室をｄｉｓるのはよくあることらしいから、God save the Queenも成立し得るんだろうけど、あれはユニオンジャック（国旗）をボロボロにしてるからパンクでアナーキーなわけで、ボロボロじゃないシンプルなユニオンジャックモチーフのものは逆に愛国心に溢れてると思うんだが、ユニオンジャックモチーフのものをパンクと呼ぶ向きってあるよね。この辺りどうなってるのか謎い。ユニオンジャックがかっこよすぎるのが悪いとは思うけどね！笑

まあ、旭日旗モチーフの野性爆弾の川島が逆にパンク、みたいなことと同じということかしら？（多分違うｗ まあ、こういうことをいろいろ踏まえても、プラスチックのヒョウ柄が一番無思想で好き。

◆田園調布
Den-en-Chofu（田園調布）って、Dir en Grey に見えるよね。

◆仕事
堀江さんが言ってたように、誤解されたくないなら言葉を尽くす努力をしなければならない。それを諦め

る以上、誤解されても文句は言えない。だけど言葉を尽くしたいほどの対象がない。特にビジネスにおいては、愛と言葉が溢れる場面は少ない。妙にクールになってしまう。

言葉を尽くすのに、過剰な自己愛や自己顕示欲など以外の動機があるとするなら、おそらく対象への愛かあるいは利益だろう。

特に最近は後者、単純にビジネスとしての利益の追求を最優先に考えて無駄な自己顕示欲を殺しているのだが、そこそこ脱自己できるし結果も出るのでやっぱりもっと激しくたくさんいろんな意味で働きたい。

ワタミ的な「結果はともあれ頑張ることが大事」ってな、いわゆるブラックな思想を売るハードさには私は興味がない。でも別に、よく言われてるように、自分探し系の若者がワタミのように誰かに生き方を決められることをそれなりに望んでもいるかもしれないというのも分かる。

ただ、私は、とにかく利潤を追求することを最優先にもってくることには非常に興味がある。できるかどうかは別にして、おそらく一番興味がある。それは、私自身がお金持ちになってこの車に乗りたいだのブランドがどうのという話ではなく、組織として利潤を追求するということはどういうことか、を考えていたい。

で、お笑いで、そういう思考をしていたのが島田紳助ただ一人だったのだと思う。彼亡きあと、お笑いは

伝統芸能、あるいは生き抜くための集団（及び手段）に戻り、あるいは自己顕示の手段でしかなくなった。到底ビジネスとしては存在できなくなってしまった。

だからやはりあの時点でコンテンツではなくメディアの方を変えるべきだった。たかだか一企業の人事で松本人志という神なんて存在しなかったことにされるくらいだったらフジなんて買っちゃってたら良かったんだと思う。それがお笑いをビジネスとして生き残らせることのできたはずの唯一の手段だったのに。

ポスト紳助というのはそういう商才のある後継者のことだったのに、それをお笑いの実力と思い込んで、松本人志がいるから安泰だなんて松本信者が彼の崇拝を続けたことが、今の状況を生んでしまっている。おそらくここで、ポスト松本を千原ジュニアに設定すると繰り返してしまう。

千原ジュニアはまったく売れない後輩とつるむのを好み伝統芸能としてのお笑いに回帰している。それはそれで古くからのビジネスモデルではあるけど。それじゃダメだと本人も思ってるから「ジュニア寄席」等企画して若手発掘をしようとしているんだろうけども、ただの仲良しこよしからは脱却できないわけで。

好きだからこそ厳しいことを言うけど、このままじゃ伝統芸能としての生き残り自体ヤバイと思う。せいじがメシアな気もするけど、彼が執心してるものが、ビジネスはビジネスでも、経営でなくお笑いでさえあればなぁー……って感じ。

# Ⅳ章

# 満載レビュー

# イケる？　カレー店辛口甘口批評

たとえばいまさら、某ログの評価が高い店を美味しいと紹介することには意味がないかも知れない。その高評価は、金銭的取引で買われたものかも知れないのだから。それでも我々は、レビューの存在自体を認めなければならない。その理由は2つある。ひとつには信じられないくらいまずい店が存在しうるからである。まずい店に当たって、泣かないためにもレビューは必要だ。そしてもうひとつは、味の評価ではなく料理の系統を知るためである。美味しいまずいではなく、自分の好みに忠実であるための尺度だ。

以下に、これまで私が訪問したことのあるカレー店について、さまざまな角度から紹介する。正直に言ってしまうと好みの問題であるので、この評価に責任までは持てない。私が美味しいと思う店のカレーはあなたにとってどうしても食べられないほどまずいかもしれないし、私がまるでこなすような気持ちで渋々口に運ぶカレーは、あなたにとって人生を変える一皿かもしれない。

このカレーレビューは、あえてカレーの種類や系統で分類していない。運命のカレーとの出会いは、偶然によるものだと私は考えている。たまたま出会ったカレーに強く惹かれたり、あるいは逆に落ち込ませられたり、そういった翻弄を楽しむのもカレー店めぐりの醍醐味なのだ。ここでは、偶然性を極限までに引き上げるため、あえてカレーの種類や系統で分類をしていない。

カレーの種類のジャンル分けはしていないのだが、「地方・23区外」「東京23区」「チェーン」「追悼」という4つの見出しを作成した。それぞれの見出しを有効に使っていただきたい。

自分の愛に忠実であるために活用していただければ幸いである。

（※掲載内容は2015年2月当時のものです。詳細はお店に問い合わせてください。）

## ♥♥〈地方・23区外〉

ここでは、地方や23区外のお店を紹介する。東京の無駄なものをそぎ落としたスタイリッシュな感じも魅力的なのだが、地方の店の無自覚に特徴を有している雰囲気も同じくらい魅力的だ。都心から離れるにつれてカレーが美味しくなっていくような気がする「カレー辺境論」説、相鉄線沿線には信頼できるインドカレー店が多い気がするという「相鉄線カレー黄金ライン」説など、勝手な持論が出てきてしまうくらいには、地方や23区外のカレー店に引きつけられている。

### ★アイビー

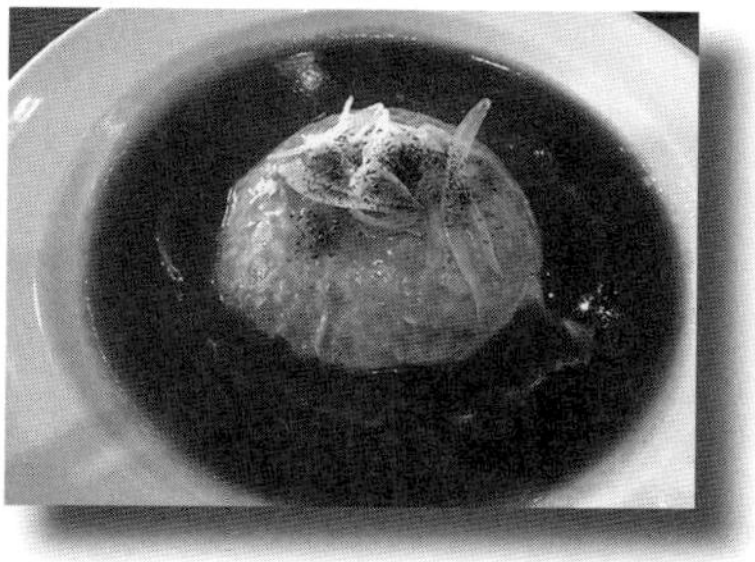

**《愛媛県松山市浅海原2-3》**

写真はゴールデンカレー。西日本らしいとも形容できるような、あっさりとした食べやすさを感じられる。

かに玉にも見紛う、そのフォルムの愛らしさも魅力的だが、甘口・辛口、ふつう盛・小盛が選べることも特徴。カレー以外のメニューもあるが、このゴールデンカレーが断トツで美味しい。少子高齢化が進んだ地方ならではの光景だが、おばあさんの集団が、入れ歯と格闘しつつ固そうなステーキを頬張るさまは哀愁を感じさせる。余計なお世話かもしれないが彼女らには、歯に優しいゴールデンカレーをぜひ食べてほしい。

店内は「珊瑚礁」（１４６ページ）と似た雰囲気だが湘南の海よりも穏やかな瀬戸内海が一望でき、最高にロマンティック。また余談だが、この店のトイレは美しいだけでなく、非常に広い。そのためドアと便器の距離が遠く、ノック返しのベルがついているという中四国エリアでもトップクラスの広さとユニークさを誇る。

### ★ブルドッグ

《愛媛県松山市歩行町 1-9-1》

店内はカウンターのみで、調理場も食器棚も丸見えで、空気にも床にも机にも油が充満している感じである。トイレもギリギリ水洗の和式であった。昭和30年代で時が止まっているかのようだ。真夏の昼、ブラウン管に映し出される高校野球が、この古めかしい雰囲気を強調させる。ああ、カレーを追い求めていたら、ついに戻れないところまで来てしまったのかもしれない。そんなことを考えていると、カレーがカウンターから登場。ルゥは小麦粉だらけで油っぽい。具はほとんどない。煮込まれているのかも知れないが、見当たらない。比喩でもなんでもなくて、カレーも本当に昭和で時が止まっている。

### ★ナマステ食堂

《松山市二番町3-4-14》

松山市・大街道の路地を入ったところにある、行列のできるカレー屋さん。本格的カレーが、お手軽に食べられることで大盛況だ。ナンは小さいがふっくらモチモチで、ルゥも少なく見えるがとても濃厚で満足できる。東神奈川にも店舗がある。手軽に北インドカレーを楽しむことができるというのは、当たり前だと思われがちだが、今一度そのありがたさに感謝するべきだ。

## ★サンガム　《広島県福山市東桜町2-7　アインビル1F》

これは驚いた。福山のド田舎（失礼）にこれだけのクオリティの店があったなんて知らなかった。上品なのにしっかりとした味、行き届いたサービス、かわいらしく清潔な内装、コストパフォーマンスは、逆に田舎だからこそなせるワザなのかも知れない。今回はお得なチキンカレーのホリデーランチセットをオーダー。ルゥはコクもありチキンも臭みがなく、ナンもほどよい甘さであった。福山市内のカレー以外の飲食店をすべて含めても、上位だろう。駅からのアクセスも良い。ちなみに、田舎ならではの車移動派には沖野上町の店舗もおすすめ。

## ★カナック　《広島市中区大手町2-2-10》

フレッシュレモンになりたかったのは、みおりん（NMB48市川美織）だけではなかった。インドカレーもまた、フレモンになることを夢見ていたようである。その夢が現実になったとき、我々の舌は喜びで震え、脳と腸からはセロトニンがドバドバと分泌されて、幸せになれる……このレモンチキンカレーは、有吉弘行氏をイメージキャラクターとして起用していた「おしい！　広島県」キャンペーンの趣旨に賛同した同店のサマール社長が、広島県尾道市瀬戸田の名産のレモンを入れようと考案して生まれた。香辛料にレモンを混ぜ込み、ウコンで鮮やかな黄色を表現し、レモンのスライスを載せて仕上げている。肝

心の味は、一言で言うと最高だった。濃厚さとさわやかさの奇跡の両立は、ぜひ一度試してみて欲しい。そしてこのような形で観光キャンペーンに柔軟にアプローチできるサマール社長の聡明さにには、心からの敬意を感じる。

### ★坂井カレー

**《大阪府大阪市北区西天満3－6－22 北大阪屋ビル 1F》**

非常にフルーティーで甘く、ガッツリめのルゥなのだが、途中から辛くなってくる。食べ進めるたびにどんどん辛くなっていき、最終的には顔中汗だらけ。非常に爽快な気分になれる。系統としてはインデアンカレー（151ページ）と似ている。トッピングも充実。

### ★スープカレーのハンジロー安曇野店

**《長野県安曇野市穂高4857－1》**

元々は神奈川県、横浜市の綱島に存在したスープカレーの有名店。ハンジローは現在は長野県安曇野市に移転し、綱島のほうの跡地は東京らっきょブラザーズ（170ページ）の系列店、「らっきょ＆Star」となっている。

とにかく具が贅沢に使用されており豪華である。しかしスープカレーなだけあって、スープの味自体は薄めではあるが、具の量を調節することでバランスをとることができる。札幌スープカレーの店の中では、頭一つ抜け

ていると思う。

**★印度料理シタール**

**《千葉県千葉市花見川区検見川町1-106-16-1F》**

金曜の夜、気がついたら千葉方面の電車に乗っていた。検見川駅に降り立った時にはすでにあたりは真っ暗だった。駅の周辺には何もなくて、民家が静かに立ち並んでいるだけだった。夏も終わりのはずなのに、完全にオバケが出そうな雰囲気に涙目になりながら、GPSを駆使して何とかたどり着いたここシタールは、たとえば雪山で遭難して死にかけたときに見える幻想のように、暗闇の中そこだけ明かりが灯っていて、嘘のように暖かい雰囲気だった。人っ子一人いないはずのこの町で（失礼）、なんと行列ができていた。さて、今回オーダーしたのは2種類のカレーが楽しめるトライアルペアセット。一番人気のバターチキンとキーマカレーをチョイス。バターチキンを口に運んだ瞬間、世界中のバターチキンが束になってかかってきても負けないだろうな、と思った。それくらいまろやかで、心臓に染みた。キーマは辛くて元気になる味だった。「アジャンタ」（165ページ）出身のシェフのお店ということで、なるほど、若干カルダモンが強いがパンチが効いていて、バターチキンと良いコントラストになっている。店を出るときに、シェフが手をふってくれて嬉しかった。そんな満腹感と幸福感に満ちた帰り道はオバケの気配は感じなかった。「通りゃんせ」の逆だなあ〜などと思いながら、帰路についた。

**★メハマン**

**《千葉市中央区今井1-25-12》**

しらすを練りこんでいるナンや、タンドール料理など

の、サイドメニューが非常に充実している。店内の装飾も凝っていて、ルゥも濃厚でコクがあり、味がしっかりしている印象。

正直なところかなりのおすすめである。

### ★ハングリーベア・レストラン

**《千葉県浦安市舞浜1-1東京ディズニーランド》**

東京ディズニーランド30周年記念の、30種のスパイスを使用したというカレーをいただいた。提供はハウス食品である。余談ではあるが、ディズニーランドのパレードや店舗、アトラクションの提供会社をものすごく気にしてしまうのは私だけだろうか。ビジネスとして夢を与えることは、この世で最も素晴らしいことの一つかもし

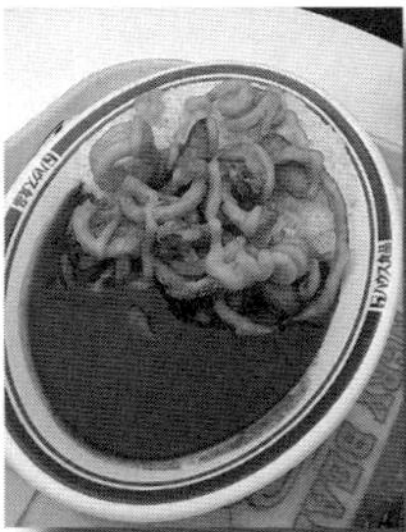

れないと最近は思う。昔は「ディズニーなんてケッ！」と、冷静に考えると粛清されそうな恐ろしいことを考えていたが、このカレーを食べて魔法にかけられた。刺激（スパイス）を求めて、目を吊り上げて夜な夜な街を徘徊するスパイスジャンキーではなく、普通のカレーを普通に美味しいと思える普通の女の子に戻る魔法をかけられたのだ。望みを叶えてくださる言葉は、「スーパーカリフラジリスティックエクスピアリドーシャス」ではなく、カリーだ。ポテトも載せられており、ボリュームたっぷりである。

### ★カスバ・フードコート

**《千葉県浦安市舞浜1-4　東京ディズニーシー》**

東京ディズニーシーの中にあるフードコート。「アラビアン・コースト」というディズニー映画『アラジン』

と『アラビアンナイト』のアトラクションがあるエリアに位置する。こちらもランドと同じく提供はハウス食品であり、プラウンカレー、チキンカレー、ビーフカレーがある。この3つすべてが食べられる3種のカレーセットもある。チキンカレーはトマトっぽく、ビーフカレーは家のカレーに少し香辛料を足したような味である。一番おすすめなのはプラウンカレーであり、エビとクリーミーなルゥが町のカレー屋ではあまり食べたことのないような感じで絡み合っている。なかなか美味しい。ライスとナンは特筆するところはないが、雰囲気はそれはもう抜群である。タンドリーチキンが思ったよりガッツリとしていて男性にもおすすめ！

## ★カレーの店　ボンベイ

**《千葉県柏市柏3-6-16》**

キタキタキタ

ターーーー！　この、サラサラでめちゃくちゃ辛いこのルゥ！　匙と汗がとまらない。生きてて良かったと思わせてくれるカレー。今を刻むカレー。愛してる。

ボンベイグループのカレーは、もう推さないではいられない。

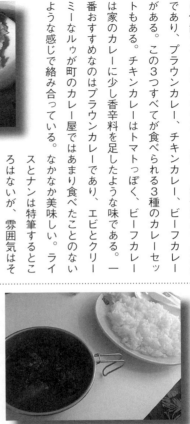

## ★エベレストイン

**《埼玉県上尾市谷津2-1-50　原田ビル1F》**

ランチセットについてきたスープがどうしても口に合わなかった。今まで口にしたことのない種類の味で、ど

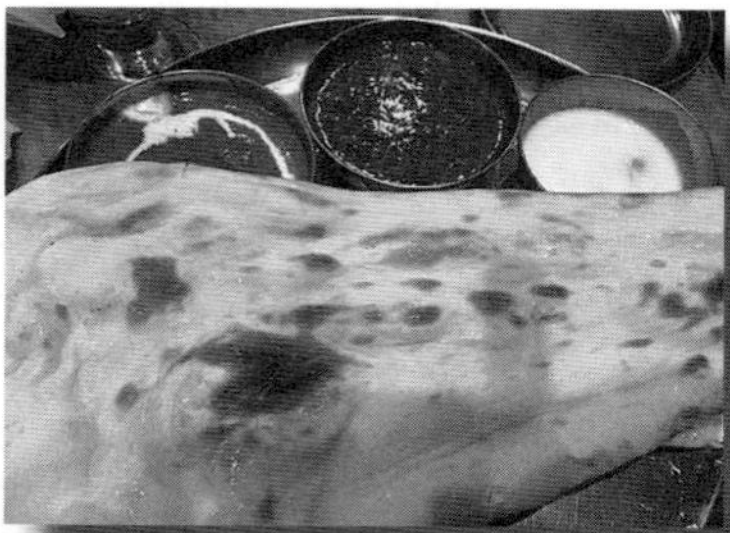

う表現してよいか分からないがとにかく大味だった。カレーは問題なかったが、正直なところ特に印象は残るわけではない。それでも上尾駅周辺には魅力的な飲食店がありそうな印象ではなかったので（めっちゃ失礼）、貴重なインド・ネパール料理店として頑張ってほしいとは思う。ポイントカードをもらったが、再訪するかは謎。

### ★シリーエベレストキッチン
### 《横浜市神奈川区上反町1‐3‐1》

ナンはサクサクで、ルーはなめらか。濃厚ながらも非常に食べやすい。横浜駅から離れるにつれて美味しいカレー屋が増えていく法則が見えてくる（例：エベレストキッチン（天王町）、ヒマラヤキッチン（和田町）、ハッ

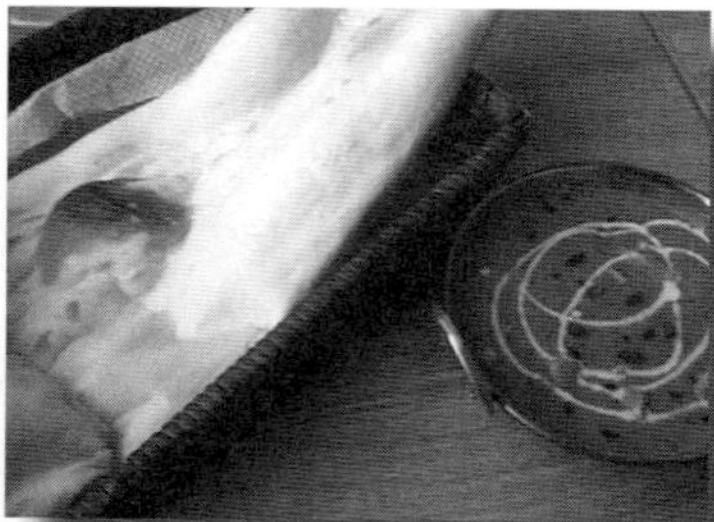

ピー（大和）など）。カレー辺境論にますます信憑性が出る。

中央から離れて見つけた愛はとても美しい。

### ★エベレストキッチン横浜店
### 《横浜市神奈川区鶴屋町3‐32　アカデミービルB1》

ここ横浜店の店員さんによると、「エベレストキッチン天王町店」と、そしてこちらの「エベレストキッチン横浜店」は立地も近く同じ系列であるが、「シリーエベレストキッチン反町」は別のお店であるとのことだ。（ちなみに「エベレストキッチン中山店」は同じ系統らしい）。

しかしながらエベレストキッチン系列の味は本当に濃厚

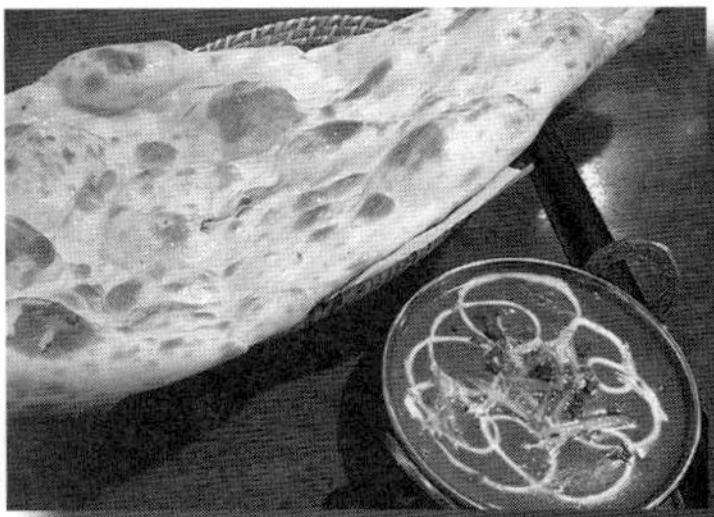

で美味である。お店は地下にあり、妙に和風な内装であるがとても広く、なかなか面白い。店員さんも気さくで優しい。横浜駅からは少し歩くがここまで美味しいならば、距離は気にならない。

### ★エベレストキッチン天王町店

**《横浜市保土ケ谷区天王町1-19-2》**

ヒマラヤ山脈よりもエベレストのほうが、いろいろとスケールがデカイ。それは山だけでなく、カレー屋においてもだ。エベレストキッチンは、味のクオリティーも（そしてちょっぴりお値段も）ヒマラヤキッチンよりお高くなっている。学生街の和田町と、オフィスも少なくない天王町では、ターゲットが違う。そのため、メニューや価格、そして味、店の用途なども変わってくるのは当然だろう。店内は、なぜだか回らないタイプのお寿司屋さんを彷彿とさせるつくりだが、仕事終わりにゆったりとアルコールを摂取するにはとても適している。メニューも豊富で、中でも面白いのは「フィッシュカレー」だ。エベレストキッチンが位置する天王町商店街で購入した新鮮な白身魚が使われていて、とても濃厚なルーと淡白な白身魚のコントラストが幸せな相乗効果を生む。正直なところ相当美味しいので、かなり濃厚にもかかわらずペロッと食べてしまった。秒殺である。ナンの種類も充実している。プレーンナンのみならず、チーズナン、ガーリックナンなど、大満足のラインナップだ。異国情緒と地元感の入り混じった、至福の時間を味わえる。店員さんも気

さくで穏やかで、雰囲気も最高。ラッシーをサービスしていただいた。

## ★新嘉坡鶏飯

**《横浜市西区南幸1-5-1　クイーンズ伊勢丹横浜店B1「QUEEN'SPATIO」内》**

フードコートにあるため手軽に食べられる。「食の楽園」と呼ばれるシンガポールの名物、鶏飯が食べられるお店だが、「鶏肉のグリーンカレー」も人気。ライスは鶏の出汁で炊かれており、とてもジューシー。グリーンカレーはさわやかな辛さ。具の鶏肉や出汁の効いたライスやスープのおかげで、ココナッツミルクの癖も気にならない。

## ★ゲウチャイ横浜クイーンズイースト店

**《横浜市西区みなとみらい2-3-2　クイーンズイーストB1F》**

タイ料理のフードコート。メニューはたくさんあるが、味は特に普通。みなとみらいなので、休日に行くとカップルや家族連れだらけで、騒がしい地獄なので各自気をつけるように。

## ★となりのアクバル

**《横浜市青葉区あざみ野2-9-10　野本ビル1F》**

「印度食堂なんかれ」(相模原市)、「インド料理アクバル」(たまプラーザ)の系列のお店。「となりの」ということは、

「アクバル」を庶民的にした感じということだろうか。店構えは若干怪しいが、店内は温かみのある清潔な雰囲気だった。カルダモンが強く、ナンと一緒に食べているにもかかわらず、ぶっ飛びそうな味わい。メニューも充実している。

**★ピーパルツリー**

**《横浜市南区永田東3-7-3共同ビル103》**

日替わりのおくら&チキンカレーとプラウンカレーをオーダー。食べた瞬間にピン！　とくる味で、身体に染み渡っていく感じが心地よい。見た目も非常に美しく、コクもあり濃厚で風味豊か。具も生臭くなく、よくあるインド料理店と言い切ってしまうのは少しもったいない店である。

**★アルペンジロー**

**《横浜市中区弥生町3-26》**

有名すぎる店。飯ごうとフライパンで提供されるカレーは、キャンプのような雰囲気を味わえる。近年増殖中のcamp express（チェーン）はここをモデルにしているのだろうか。

しかし味はキャンプで食べるカレーというよりは、A級グルメのように肉や魚などがメ

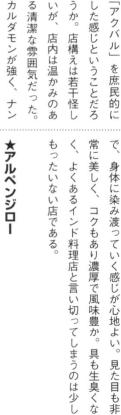

インであり、カレーはその素材のためのソースのような役割を果たしている。そのため、カレールゥ自体は、そこまで主張していない。調理中のシェフが見えるカウンターの造りも面白い。丁寧なA級感と、入り混じるワイルドさが癖になる。

### ★ヒマラヤキッチン

**《横浜市保土ケ谷区和田2丁目7-10》**

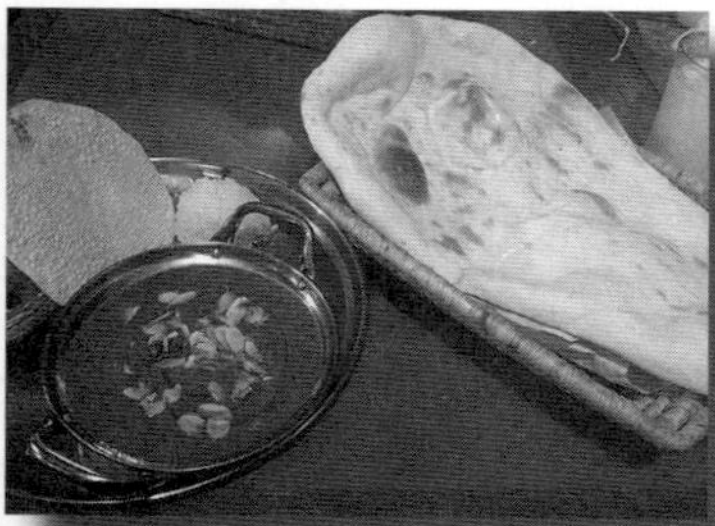

「エベレストキッチン」と同系列の経営とのこと。学生街に店舗があるということもあってか、価格帯はエベレストキッチンよりも低く設定されており、味もエベレストキッチンよりは、一般的ななじみのあるカレーに近く、手軽に食べることができる。生まれて初めて食べたインドカレーがここの店のカレーだという学生は多い。少年よ、カレーを食せ！

Boys eat Indian curry!!!!!!!!!!!!

### ★プルニマ

**《横浜市保土ケ谷区峰沢町35　林ビル1F》**

学生街らしくお手軽で、けれども濃厚で下品でない味。そしてこれでもかというくらいの量！コスパが恐ろしいほど良い。カレー屋どころか飲食店がほとんどない食砂漠・三ッ沢上町において、プルニマはオアシスたりえる存在だ。メニューが充実しており、タイ料理も食べられる。コースがおすすめ。

## ★カレーハウス 横浜 ボンベイ

**《横浜市戸塚区戸塚町1２0 斉藤ビル2F》**

上野の「デリー」（171ページ）と、千葉県柏市にある「ボンベイ」（137ページ）で修行を重ねた方が営業している有名店。普通のチキンカレーだと辛さが物足りない人にはカシミールカレーがおすすめ。

塩気を抑え気味のやさしい味ながら、ガツンとした衝撃が身体全体を駆け抜ける。メニューにラッシーではなく「のむヨーグルト」がある。

## ★崎陽軒 横浜赤レンガ倉庫店

**《横浜市中区新港一丁目1番1号 横浜赤レンガ倉庫2号館1F》**

シウマイカレーとはなんと甘美な響きだろうか。あの崎陽軒が、あのシウマイを使ったカレーということだけあって、さすがにマズくなるわけがない。だってあのシウマイとカレーだよ!? っということで来訪。

このカレーの長所であり短所でもあるが、シウマイ独特のあの肉々しさが、カレーのルゥによってキャンセルされている。そしてルゥは欧風カレーそのものといった感じで、中華っぽさが全く見当たらない。どこ行ったチャイニーズ感!?

シウマイは牛肉よりも

重厚感があり、見た目以上にボリュームがある。いわばハンバーグカレーをさらにハードにした感じだろうか。カレーの具にシウマイが定番でないのが不思議なくらい違和感がない。ごくひかえめに言って、うまい（春樹ｗｗｗｗ）

### ★ミトチャ

**《横浜市旭区二俣川1-46-26　新堀ビル102》**

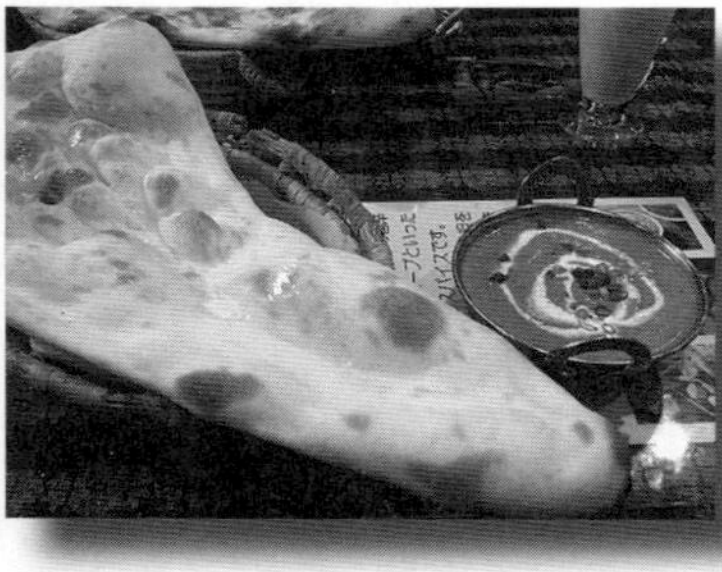

私が勝手に「カレー黄金ライン」と呼んでいる相鉄線沿線。なかなかの郊外なのだが、意外にもカレー屋が多く、なおかつハズレが少ないように思う。そんな相鉄線の真ん中、二俣川にあるカレー屋ミトチャ。二俣川の運転免許センターに行く途中にあるため、免許更新のたびに足を運ぶ人も多いとか。確かにもう一度行きたくなる、病みつきになる味のカレーだ。今回オーダーしたのは、チキン・コルマ。何といってもポロンと出てくる原型をとどめたカシューナッツがポイントだ。このカシューナッツのおかげで、ネパールカレー特有の濃厚さがより深いものになっているのではないか。一緒にオーダーしたプレーンナンもあっさりしていて食べやすく、フカフカでサクサクとしていた。立地が今ひとつにもかかわらず、確実にリピーターを獲得できていることからも、ミトチャの味への信頼をうかがい知ることができる。カレーやナンだけではなく、ドリンクの種類も充実。また、貸し切りパーティーも受けつけているそうなので大切な日をここでゆっくり過ごすのも良いかもしれない。

### ★魚藍亭のよこすか海軍カレー館

**《横須賀市緑が丘29》**

店の雰囲気は、イメージの上での横須賀そのものだ。

おそらく主なターゲットを観光客に設定している雰囲気づくりには、ある種のあざとさも感じてしまうが、それがよこすかのアイデンティティだと思う。大いにアピールするがいい。

よこすかカレーの条件は、牛乳×カレー×サラダ。正直なところ、盛りつけはそんなに美しいわけではなくむしろ雑だが、味は申し分ない。今までに食べたことのないミルクっぽさが特徴的であり、それでいてあっさりしていて食べやすい。特に胡椒の辛さが特徴的で、異国情緒を感じられる珍しいタイプのカレーではないだろうか。このクリーミーさが妙に恋しくなって、よこすかカレーを食べたくなる時がある。

ちなみに2回目の来訪で、コーラで豚肉を煮込んだという「よこすか開国ペリーカレー」をオーダーしたが（完全にネーミングだけで選んだ）、私の口には合わなかった。クリーミーさは打ち消され、隠し味のコーラの主張が強く、こなすように食べる感じになってしまった。好みにもよるが、やはり王道メニューの方をおすすめする。

---

## ★どぶ板食堂　perry

**《神奈川県横須賀市本町2-19》**

スカジャンの発祥地、どぶ板通りにあるこちらのBAR。この街の人たちは、どうしてもペリーの来航を全面に押し出したいようで、店名にまでつけてしまった辺りのセンスが、どうしても嫌いになれない。店内は誰が、どう見ても横須賀、と

いった雰囲気である。

こちらのよこすか海軍カレーは、横須賀ならではのクリーミーなカレーと、牛乳、サラダという3点セットに加え、フライドポテトとフライドチキンもプレートに載ってくる。見た目も可愛い！　非常にボリューミーであり、観光客向けというよりも、地域に根ざしながら営業しているお店だと思う。

**★珊瑚礁本店**

**《鎌倉市七里ガ浜東3―1―2》**

言わずと知れた珊瑚礁。今回は本店のほうにお邪魔した。湘南のカップルやサーファーが、いろいろなことで体力を消耗した後に体力回復ができるよう、かなりこってりとしたルゥ。一番

人気のカツカレーには、カリカリに揚がったカツがたっぷり載っている。シーフードカレーは、イカなどの海の幸がふんだんに使われている。そしてどのカレーにもライスの上にサラダが載っている。ポテトなどのサイドメニューも充実しており、どれも人気である。湘南らしいお店の雰囲気も情緒があるのだが、カウンターから見える調理の様子があまりにもテキパキとしていて感動してしまう。そしてもちろん接客も最高。

**★ボージャン**

**《茅ヶ崎市浜須賀1―44》**

どうしようもないほど美味しい。価格帯は高めであり、また、アクセスも良いとは言えないが、それでも食べたいと思わせるほどの味である。カレーの種類も豊富で、サ

ラダなども丁寧に作っていることがうかがえる。

**★ハッピー**

**《大和市大和東3-1-13》**

ディピカから改名。首都圏から遠ければ遠いほど、インドカレーのお店は美味しくなるという、「カレー辺境説」を唱えるきっかけとなったのが、こちらのお店である。辛くないかどうか、何度も尋ねてくれる店員さんの心遣いが嬉しい。

**★スパイス・マジックグランベリーモール店**

**《町田市鶴間3-4-1 グランベリーモール》**

アウトドア用品の「モンベル」が展開しているカレー店。「アウトドアを楽しむ人たちのクラブハウス的な空間を提供したい」とかフェアトレードとかオーガニックとか言っちゃってる系なので、正直なところ私個人としてはあまり近寄りたくはない。カレー自体も、決してまずくはないが特筆するような味でもないので、わざわざ行くことはないと感じた。

## ★アンジュナ

《日野市高幡3-7 ユニバーサルビル1F》

有名店。あのアジャンタ（●ページ）出身のシェフのお店であり、かつ、ライムスターの宇多丸氏オススメのお店だそうだ。高幡不動の参道の途中にある、雰囲気のある古民家のような店構えは、日常を忘れさせる。

味はもちろん美味しいに決まっている。同じくアジャンタ出身シェフのお店、「シタール」（●ページ）同様、バターチキンを口に運んだ瞬間、目から鱗がこぼれ落ちる。世の中の、「とろみのある汁もの」のなかで、一番美味しいんじゃないか……という気さえしてくる。

匙を持ったまま、いつもしばらく呆然としてしまう。

♥♡ MEMO ♥♡

行ってみた店について自由に書いてみよう!!

## ♥♥〈東京23区〉

東京の店のレビューが最も多くなってしまった。それはやはり、世界レベルで見ても東京には名店が集まっているからだ。それはカレーだけではなく、外食産業一般についても同じだろう。ここでは、地方の店のフェティッシュさとは逆の、ある意味では中立性を有している東京の名店たちの魅力について語ろうと思う。

地方の方も東京には別の理由で出かけることも多いと思う。その際にでも、ぜひ気になった店にお立ち寄りいただきたい。

### ★インドカレーカーマ

**《千代田区猿楽町1-2-3 UTビル1F》**

ここまで美味しいならば、愛想とか雰囲気とか、もはやどうでもいい。ここでは和気藹藹《あいあい》と「おいしいね～」などと言いながらカレーを食べることは諦めなければならない。けれどもそんなものはいくらでも犠牲にできるほどの味だ。スパイスの縦横無尽な立体感と、強めの塩気にとりつかれ、もはやカーマなしでは生きられなくなるだろう。

注意点として、野菜カレーはメニューにあるが頼むべきでないことと、飲み物はカレーと同時にオーダーすることを挙げておこう。

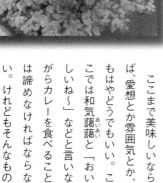

### ★ばんび（メーヤウ）

**《千代田区猿楽町2-2-6》**

以前の店名はメーヤウ。味も量もコンパクトにまとまっていて、女性向け。物足りなさを感じる人は多いか

もしれないが、確かに珍しいタイプのカレーなので人気があるのも頷ける。タイカレーとインドカレーから選択可能。好みは分かれるが、タイカレーの癖のなさは、ファンを強く引きつける。雰囲気良好。

**★東京カレー名店会（秋葉原）**
**《千代田区外神田1-17-6 アトレ秋葉原1》**

デリー、プティフ、共栄堂、エチオピア、トプカの有名店5点のコラボレーション型店舗。さまざまな店の味が同時に楽しめる、いわば天国のような店舗。

**★ベンガル**
**《千代田区外神田3—10—12 日加石油ビル1F》**

ショボイ具をスパイスで打ち消している悪事に裏切られがちなカレー行脚も、こちらの店のビーフ角切りカレーにはただただ救われるのみだ。スプーンで切ることができるほどやわらかく煮込まれた角切り牛肉に、くどくないルゥが絡み、舌上では幸せの鐘が鳴り響く。心の隙間を形だけでも、萌えだけではなく食でも満たすために、秋葉原は多くのジャンク・ファーストフード店で埋め尽くされているが、そのようなジャンキー砂漠で、ほぼ唯一のオアシスではなかろ

うか。ちなみに店内も超絶可愛い。

**★インデアンカレー**

**《千代田区丸の内2-7-3東京ビルTOKIA B1F》**

大阪の本店で「口の中が火事や」とお客さんに言われたこともあると聞いていたので、とてもスパイシーなカレーを想像していた。一口食べてみる。まったくそんな感じはしない。むしろとてもフルーティーで甘い。今まで食べたことのないタイプの味で美味しいなあ……なんて呑気なことを考えていると急に後から後から辛さが増しながら追いかけてきた。食べ終わる頃には汗が大変なことになっている。口の中が火事や！　混み合ったカウンターも風情がある。

**★ムンバイ**

**《千代田区九段南2-2-8 松岡九段ビルB1》**

ばっちりスーツでキメたインド人店員さんが、お替り自由のターメリックライスを炊飯器ごと持って歩き回る様子に心奪われる。そして、そんなフォーマルな店員さんがお皿のターメリックライスがなくなったらすぐさましゃもじでよそってくれるわんこそば形式はシュール。味は文句なし！　青臭くなく食べやすいサグ系のカレーは珍しいのでは。

**★海南鶏飯水道橋本店**

**《千代田区三崎町2-1-1》**

海南鶏飯とは、茹で鶏とその出汁で炊いた白米を盛り

つけた料理で、マレーシアやシンガポール、タイなどの東南アジア周辺地域では一般的だそう。もちろんこのお店の目玉は海南鶏飯であるが、お鍋にたっぷりと入ったスープ状のシンガポールカレーも人気。まったく癖もなくあっさりといただける。カレーの味がジャガイモに染み渡っていて、とてもジューシー。

**★SAPANA**

**《千代田区三崎町2-10-8 FUNDES水道橋》**

店独自で開発されたアプリで遊ぶと、ドリンクや一品料理が無料になるクーポンがGETできるという嬉しいサービス有りのネパール料理店。シーフードカレーはクリーミーなマイルドさがあり、非常に濃厚。チキンカレーには2色のパプリカが入っていおり、見た目も鮮やか。接客が丁寧。

**★バンセーンアロイチンチン**

**《千代田区三崎町3-1-11中村ビル1F》**

評価が高いこちらのタイカレー店。気になりお邪魔してみた。しかしルゥを食べてみて驚いてしまったのだが、周りはぬるく、中心にいくほど冷たくなっている。冷凍が溶け切れていないというかなんというか、なんとも微妙な食感と温度で

あった。味自体は良いのにもったいないと感じた。

**★シャヒ・ダワット**

**《千代田区神田錦町2-2-11田口ビル　B1F》**

北インド系のペーストが濃厚なカレー。月・水曜日限定のお得なビリヤニランチが名物。ライスもこだわりの味。

**★ガネーシャ**

**《千代田区神田錦町3丁目6 錦町スクエアビル1F》**

広く綺麗な店内。セットがお得だが、特に普通の味で、特筆するべきことはない。「ガネーシャ・ガル」がまだ存在していたころは場所も近く、店名も似ていたためしばしば混同していた。ちなみにガネーシャとは例のゾウの神である。

**★インディアンレストラン　アールティ**

**《千代田区神田佐久間河岸50 大岩ビル2F》**

たとえ「アールティのカレーに文句をつけてくれ」と、逆ステマを持ちかけられたとしても、非難の言葉がひとつも思い浮かばない。とにかくびっくりするほど美味しいのだ。決して安くはないが、こんなに口内が幸せになることはめったにないだろう。まずいカレーを食べているとき、まるでノルマのように匙を口に運び、こなすよ

うに食べる……という経験をしたことがある方は多いと思うが、アールティのカレーはその悪夢の対極に位置する。食べ進めていくことで、カレーの量が減ってしまう寂しさが、口内の幸福度と反比例するように募っていく。ジレンマだ。店内は清潔で、非常にかわいらしい。

**★SPICE　KITCHEN3**

**《千代田区神田小川町3-10-3 振天堂ビル1F》**

神保町は「カレーの町」といえども本を読みながら食べることのできる「カレーライス」の町なので、ナンが食べられるお店は貴重。学生街には必ずこの手のコスパのよく、いい意味で保守的な味のインドカレーが食べられる店がある気がする。

**★カリーライス専門店エチオピア本店**

**《千代田区神田小川町3-10-6》**

歩いていると急に漢方薬の匂いがしてきたので「あれ、このへんに薬局なんてあったっけ?」と思っていると、その香りの根源はエチオピアだった！　でおなじみのエチオピア。ぶっ飛んだケミカルな味。引き始めくらいの風邪なら治ってしまうあたり、本当に漢方のようだ。体調の悪い時にいただくと、本当に身体に染み渡る。もともと喫茶店だったのだが、店主がスパイスの調合にハマってしまい、こんなことになってしまったと聞いたことがある。

### ★チャントーヤ
### 《千代田区神田小川町3－28－7 昇龍館ビル1F》

カレー嫌いの友人が、唯一好きだと言うカレー屋がチャントーヤ。ココナッツカリーだがそこまで癖もなく、具の存在感もあり非常に満足できる。水やお米にもこだわりがあるらしい。出されたライスが一度だけハート型になっていたことがあった。まあ、私が可愛かったからだと思うが（殴らないでください）、そのおもてなしの心がとても嬉しかった。こういう細かいことで、埋もれるか頭一つ抜けるか決まってくるのだろう。ココナッツカリー系の店では、ぶっちぎりでナンバーワン。

### ★ムガールマハール
### 《千代田区神田小川町3－9－4 シーフォースビルB1F》

2012年4月に一度閉店したが、同年6月にリニューアルオープン。ランチバイキング形式で3種のカレーと、サラダ、ライス、ナンが食べ放題、それにタンドリーチキン1ピースがついて1000円は最強コスパ。ちなみに前払い制なのでご注意を。味は文句なしの宮廷系カレーで、濃厚さは他のカレー店の追随を許さない。しかし、店長のチャキチャキした感じが苦手な人は苦手かもしれない。ところが帰り際にすごく丁寧に今回の来店への感謝の意と、次回の来店をお待ちしている旨を伝えられるので、アレ？ ツンデレカフェに行ったんだっけ？ と錯覚してしまうかもしれない。

**★スープカレー屋 鴻 神田駿河台店**

**《千代田区神田小川町3-10-18》**

**★鴻（オオドリー）**

**《千代田区神田神保町1-25》**

居酒屋でもある本店よりも、スープカレーに特化した感じ。そして本店よりも広く商業的にレトロな雰囲気なので、若干気恥ずかしいかも知れない。スープカレーの味は変わりないので、お好みでどちらに行くか選ぶと良いだろう。

本店のほうはほとばしる大正浪漫。レッグチキンカレー（赤）は非常にうまみが閉じ込められている。嫌な水っぽさがなくスープカレーなのにコクがあるのでハマるとハマるかも知れない。夜は居酒屋としても楽しめる。

**★ペルソナ**

**《千代田区神田神保町1-28-9 松本ビル2F》**

神保町カレー。1度訪問すると、200円引きのサービスチケットがもらえるので、それを使用すると、ボンディやガヴィアルなどの他の神保町カレー店より安くなり、お得。

**★アボカフェ**

**《千代田区神田神保町1-2-9 ウエルスビル3F》**

アボカド料理が食べられるカフェ。アボカドを使った日替わりのタイカレーが人気メニューである。この日はグリーンカレーだった。「辛いですが、大丈夫ですか？」という店員さんの言葉に期待しながら待機。運ばれてきたカレーは、アボカドのほかにもたくさんの野菜が贅沢に載せられており、食べ応えがあった。しかしはっきり言おう。ルーが全然美味しくない。コクはないし、塩気もない。見た目や色はポタージュのようだが、素材の味も感じられない。一体何をペーストしているのか検討もつかない。せっかくの野菜ともミスマッチだ。スパイスの味もほとんどしない。一体どのあたりが、確認を取らなければならないほど辛いのだろうか。以前、カレーを作るのが趣味だという、お笑いコンビ・アンガールズの山根氏が、「カレーに重要なのは、意外だと思われるかもしれないけど塩です」と「メレンゲの気持ち」だか「王様のブランチ」だかのユルめな番組で言っていたのを思い出した。山根がキッチンにいればいいのに、と本気で思った。ちなみに他のアボカド料理は趣向を凝らしていて美味である。やはり餅は餅屋、アボカドはアボカド屋、カレーはカレー屋なのだろうか。

### ★チャボ　《千代田区神田神保町1-3》

白いルゥはまろやかなのに、きちんとカレーの味がして、辛い。少し多めのライスと非常に良く絡んで美味しい。具の量や質には、あまり満足はできないが、味自体は申し分ない。営業時間等に変更などが多いので、各自ご確認のうえ、ぜひ。キーマとホワイトのカレーのあいがけや、麻婆カレーなどもある。

**★ヤミツキカリー神保町店**

**《千代田区神田神保町1-56-3 岡田ビル1F》**

早稲田、飯田橋などにも展開しているヤミツキカリーは、ココナッツカリーのチェーン専門店。油をたくさん使用しているルゥは好みが分かれるかもしれない。ナチュラルな雰囲気のチャントーヤ（155ページ）が女性向けならば、こってりしてカウンターのみのヤミツキカリーは男性向けといったところだろうか。確かに一度食すとヤミツイてしまう。パクチーのせいでもあるのだろう（苦手な人は抜いてもらえるので安心されたし）。

**★共栄堂**

**《千代田区神田神保町1-6神保町サンビルディングB1》**

黒くてほろ苦いスマトラカレー。もうここは散々語られつくしているだろうから、いまさら言うこともないが、ご飯の量が多いのが苦しいことは強調しておく。席に着くなりコーンポタージュスープが出てくるのも特徴。

**★ティーヌン**

**《神保町店千代田区神田神保町1-6 樋谷ビルB1》**

タイの屋台のようなカウンターが中心の、がやがやとした雰囲気の店内。本場の空気が味わえる。グリーンカ

レーは非常にサラサラとしている。ナス等の野菜の効果も相まってスープカレーのようだった。しかし札幌スープカレーのように具を素揚げしてない分、ヘルシー。

## ★パンチマハル

**《千代田区神田神保町1-64-2野間ビル》**

あとはトぶだけ。

## ★ガヴィアル

**《千代田区神田神保町1-9 稲垣ビル2F》**

ボンディ（162ページ）、ペルソナ（156ページ）と同じく、いわゆる欧風カレーに蒸したジャガイモがついてくる神保町カレー。ホテル並みの丁寧な接客態度は逆に気を遣ってしまう。当然まずくはないが欧風ならではの重たさと、神保町カレーにありがちなコスパの悪さが欠点。

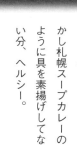

## ★メナムのほとり

**《千代田区神田神保町2-1　岩波神保町ビル別館　1F》**

「マンダラ」（161ページ）などエスニックレストランを展開している西インド会社によるお店。

ランチはすごくボリュームがある。スープの酸味がかなり強いので好き嫌いが分かれるかもしれない。カレーのたけのこの存在感大。

## ★しゃれこうべ

**《東京都千代田区神田神保町2-12　冬至ビル　1F》**

「こじゃれたバー」という言葉があるのだとしたら、この店は「こじれたバー」と表現するしかない。それくらいにいろいろと訳が分からない。昼はランチもあるのだ

が、ランチはこの南インド系のチキンスープカレー一択である。つまり、着席し人数を告げるだけでOKなのだ。薄暗く狭い店内にはカウンターと、奥のほうにテーブルもあるようだ。お客さんの名前の書かれたキープボトルや雑然と置かれた書籍、CDで溢れている独特の雰囲気。学生運動系の書籍があると思いきや、ポップで商業的な雑誌があったり、昔のフォークソングと割と最近の楽曲のCDがごちゃまぜに立てかけてあったり……その統一感のなさ、実は嫌いじゃない。さて、肝心のお味は、ぶっ飛びそうな南インド系。

食べはじめると、周りの本やCDやお酒のボトルなど目に入らなくなるほど、夢中になってしまうくらいにスパイスをぶっこんでいる。涙目。鼻水。頭がクラクラしてくる。ところがどうしても匙を口に運ぶ手がとまらな

い。完全にとりつかれてしまったようだ。後から思い返してみると、正直、塩気が足りないような気がしたし、チキンが若干生臭いような気がしたけれど、もうそんな細かいことは気にならないくらい、興奮がおさまらない。気がついたらお皿は空になっていて、しばらくボーっとしてしまっていた。意識が現実に引き戻されはじめた頃、膝に痛みを感じた。ふと見てみると出血していた。どうやらカウンター下の金具に皮ごと引っ掛けていたらしい。結構な怪我だったが気付かなかったし、そんなことどうでもよかった。「唾つけときゃ治るわ!」と思い、周りに気づかれないように唾液を膝に刷り込んだ。しかし、唾液に刺激的なスパイスが混じっていたため沁みてしまった。人知れず悶えた。悶えていると、目の前に吊り下げられていたホワイトボードの存在に初めて気がついた。食事中は、興奮のあまり見えていなかったようだ。そのホワイトボードには、「スカイツリーツアー　参加者」の文字の下に、複数のハンドルネームのようなものが書かれてあった。お客さんとマスターがスカイツリーに行くのだろう。ああ、さっき食べたカレーは紛れもなく、スカイツリーがそうであるように、現実に存在しているものであり、膝が痛い私があのカレーを食べたのは白昼夢なんかじゃなく、現実なんだと思った。

**★マンダラ**

**《千代田区神田神保町2-17 集英社共同ビルB1》**

有名店ではあるが接客態度も値段も味もいいところはない。特に、ガラス張りのキッチンでお互い写真の撮り合いしていたのが気になる。店内は、それはもう美しくて色彩も鮮やか。ただ、ホール、キッチン両方の接客態度、値段、味のどれも良いところがないだけである。ランチのコストパフォーマンスはまあまあ。

## ★ボンディ　神保町本店

**《千代田区神田神保町2-3神田古書センター2F》**

ボンディの功罪はスノッブ感のごり押しだ。何も書店の中にあることはなかろう。大混雑の原因である。しかし安いとは言えないが、そのぶん実はボリュームもたっぷりなので、やはりジャガイモ蒸し系神保町カレーのなかではトップなのだろう。他の神保町カレー店と同じく、ライスにチーズがごく微量だが載っているのが、悔しいけどやっぱりおいしい。

## ★SOUP DELI

**《千代田区神田神保町2-34 鳴海ビル1F》**

「N.Y.STYLEのデリなんてオッシャレー!」と、思ったし、店内も良い雰囲気の薄暗さだったが、どうやらカレーはイマイチなよう。家で作るようなカレーライスに、ガラムマサラとひき肉やにんじん等の具を加えたような感じ。

N.Y.STYLEを謳っている割には、日本のカレーそのものだった。他のデリは美味しいのだろうか。挑戦してみたい。

## ★トプカ神田本店

**《千代田区神田須田町1ー11》**

トプカは、トップ・クオリティ・オブ・カリーの略だという。その名の通り、トップに君臨するカレーだと散々聞かされていたにもかかわらず、長い間未訪だった。敬遠していたのは、夜は居酒屋としても営業しているため一人では行きにくいのではないかと思ったから、あるいはアクセスが良くないからなど、何かと理由をつけてはいるが、一番の理由は「どうせハマって抜けられなくなるくらい美味しいに決まっているから」である。辛いインド風カリーと、辛さが苦手な人のための欧風カリーの2種類がある。今回は、インド風のムルギカリーをオーダー。名物店員さんに、「お姉ちゃん、辛いの大丈夫？」と聞かれ、一瞬たじろぎ、内心びくびくながらも、ここは笑顔で「はい、大丈夫です」と答える。もう引き返せないのだ。ちなみにムルギカリーは、マトンカリーの次に辛いメニュー。出されたカレーを見て、確信した。これは、私の人生に残るカレーになるだろうと。粉度のないスープ状のルゥ。完璧な鋭いスパイスの香り。スプーンですくう。口に運ぶ。脳天からつま先まで、光の速さで駆け抜けるカレー。食事とは、食べ物が口を通っておなかに入ることのはずだ。しかし、トプカのカレーを食べることは、どうやら従来の食事と表現できないようだ。口から胃の中なんかじゃない、「脳天からつま先」なのだ。切り裂くような、引き裂くような、身体を感じる衝撃に涙さえ出てくる。私はかつてこれほどまでに身体を意識したことはない。非常に幸せだった。食後、胃薬を飲んだあとと似たような感覚になっていることに気がついた。そのあと1週間は非常に体調が良かった。下世話な話で大変恐縮だが、長い間悩まされ続けていた便秘が、なんと食後10分で解決した。非常に強い勢力で腸内を滑り落ち、コンマ2秒の差でコンビニのトイレに駆

け込み、何とか人間として、あるいは女性としての尊厳を保つことができたくらいだ。トプカのカレーは精神的にも肉体的にも元気にしてくれる、カレーの頂点だ。

## ★アロマ オブ インディア

**《千代田区神田須田町1-21-4 神田NKビルB1・1F》**

秋葉原の名店「ジャイヒンド」が千代田区の再開発のため2016年1月に閉店。11年の幕を閉じた。その後、インド・デリーの5つ星ホテル出身のアミットシェフが中心となり、2016年3月に須田町に場所を移転し、店名を「アロマ オブ インディア」と改めて再開！

ジャイヒンド時代から、日本の多数のメディアでも取り上げられているため、期待値は否が応でも上昇してしまう。けれどもその反面、心のどこかで「どうせ普通なんでしょ〜」と思ってた自分がいた。が、そんな無礼な考えは間違いだったということは、運ばれてきた瞬間に分かった。あまりの美しさに思わず息を呑んだのだ……！　なんなんだ、このヴィヴィッドな色彩は！　初めての美しさだ。

実のところ、それまでにも、カレーが運ばれてきたときに見とれてしまうことは多々あった。しかしながらそういうときはいつも「美しい」ではなく「カワイイ」と思っていたのだ。美味しいカレーはだいたいカラフルでカワイイのだ。そのためまだ食べていない段階でも、目の前のカレーが美味しいかどうかは見た目で分かってしまっていた（これを人間に置き換えると辛いよね……）。

これは「ニッポンカワイイ」ならぬ「インディーカワイイ」である。カレーもkawaii!!　……しかし、この店のカレーは美しかった。そして匙を口に運んだ瞬間、確信に変わった。間違いなく美味しい。そして、本当に美味しい店は、相応の評価を得ることができるということ、さらに、厳しく長い修行という確固たる努力に裏つけら

れた味は、裏切らないということ。たくさんの大切なことを教えてくれる。

**★クラブインディアシャンティ西神田店**

**《千代田区西神田2-4-3 高岡ビル1F》**

ナンの粘度は低く、塩気も少ないやさしいカレー。ランチのコスパは最高にいいが、絶品なのは、やはりディナーのほう。ナッツの使い方には頭が下がる。

**★ナンカレー**

**《千代田区西神田3-3-7 木村ビル1F》**

とても大きいサクサクのナンに、たっぷりのルー。チキンカレーは肉の生臭さが少し強いが、チキンキーマは非常に食べやすくおすすめ。ディナータイムにはラッシーをサービスしていただくことが多く、細やかな気遣いが嬉しい。

それにしても直球な店名にすがすがしささえ感じる。

**★アジャンタ麹町店**

**《千代田区二番町3-11》**

創業50年以上、日本で南インドカレーを広めたとされ

るお店。数多くの弟子を輩出しており、各地に出店している。少しカルダモンが強すぎるが、それは「あえて」日本人向けにアレンジしないという創業以来のポリシーゆえだろう。

ちなみに多くのメディアで取り上げられており、たくさんの芸能人が行きつけだということだが、それは日本テレビの前という立地が関係しているように思う。ちなみに1985年に九段から現在の場所に移転したのだが、この効果を見越してのことだったとしたら相当の策士だ。やりおる。

**★おいしいカレー工房ひつじや**

**《千代田区有楽町1-2-2 日比谷シャンテB2F》**

「ひつじや」というだけあって、マトンに力を入れている。また、チキンカバブや、タンドール釜で焼いた魚とサフランライスの「インド風焼き魚定食」など、タンドールをフルに活用しているメニューが充実している。ライスにもこだわっており、ターメリックではなく貴重なサフランを使っているサフランライスが非常に美味。ルゥもクオリティが高く、ベジ系のカレーはとてもあっさりとしていて、クリーミーなのにサラサラで胃もたれもしない。店内は狭いがコスパは良い。

**★札幌ドミニカ銀座店**

**《中央区京橋34-1 TM銀座ビル2F》**

店名の通り札幌のスープカリー。スープの種類を選択することができる。やはりスープカレーはカレーという

よりも出汁ありきのスープなのだと感じさせられる味だ。具は素揚げされているので、見た目よりはボリュームがあり、結構お腹にたまる。ライスのバターは強め。まさに北海道という感じ。

**★グルガオン**

**《中央区銀座1-6-13 銀座106ビルB1F》**

それにしてもこの店のチーズクルチャは、我々を殺そうとしているのかと勘繰りたくなるくらいの美味しさである。

このステマの時代に「食べる価値がある」あるいは「食べた体験を詳細に話し、相手にも自分の経験と同じくらいの幸福を感じてほしい」と思わせる料理とは、このよ

うなことだと思う。ほどよいガーリックにたっぷりのチーズ、それでいてあっさりしているという宝物のように素敵なのである。カレーは「伝説のバターチキン」をオーダー。ありがちなもったり感はなく、全体的にさっぱりしているので光の速さで食べ終わってしまう。ともあれ美味しすぎる。

**★南インドカレー&バルエリックサウス**

**《中央区八重洲2-1 八重洲地下街中4号》**

だからあれほど日本人が作る南インドカレーは危険だと言ったのに！　とんでもないスパイスの疾走感とボリュームと味は我々をユートピアへとトばす。エリックサウスを知ってしまったら、もう元の人生には戻れない

のだ。
ミールスというものに人生ではじめて触れるのは、この店が最適だと思う。

## ★シターラ

《港区南青山5-7-17 小原流会館B1F》

散歩していたところ、急遽カレーが食べたくなるいつもの発作を発症してしまい、現在地から一番近いお店を検索して出てきたのがここ、シターラだ。荘厳なフレンチレストランのような外観だったため、少しためらったが発作には勝てず入店。ところが案の定、場違いであった。高級感に押しつぶされそうであった。しかし乗りかかった船なので仕方ない。平静を装ってメニューを持ってきてもらう。すると「分からないメニューがありましたら、説明しますんで」と言われてしまった。やばい、挙動不審なのがバレている。確かに私は高級店には不慣れだし不釣合いかもしれない。しかしカレー屋は不慣れではない。むしろ超慣れている。「分からないメニュー？　アァン？　私を誰だと思ってんの？」と火のついてしまった私は、間髪をいれずに（なんなら食い気味で）バターチキンをオーダーした。サービスのパパドと4つのソースを食べ終わると、バターチキンとプレーンナンがご登場。少量。他にお客さんがいなかったため、ずっと食べているのを見られている（給水のタイミングを計っているのだろうが）。ものすごく居心地が悪く、ものすごく高級なお店だ。

**★ポンディシェリ**

**《港区南青山1-10-5 彩青山ビル2F》**

青山一丁目と乃木坂の間という超絶おしゃれエリアにあるこちらのお店。店内は広く、訪問時は大勢でサッカーの試合のパブリックビューイングが行われていたほどだ。南インド系の、さらさらで刺激の強いカレーとナンの組み合わせは矛盾してはいるがお得なのは間違いない。ルゥの少し苦みのある辛さが気になったが、セットのコスパを考慮すると合格点。

**★チャンパーカフェ**

**《新宿区歌舞伎町1 サブナード地下街》**

卓上には、タイではおなじみの調味料4点セット（酢・砂糖・唐辛子・ナンプラー）が。お好みで味を調節できる。グリーンカレーの辛さがほどよく刺激的。イエローカレーの具はポークであり、非常にマイルドかつ濃厚な舌触りだった。一見量の多そうなライスも、あっさりとしており非常にカレーとマッチするため、すぐに平らげてしまうだろう。地下街なので入りやすい。他のメニューも大充実。

**★maya**

**《新宿区高田馬場2-14-8 NTビル3F》**

高田馬場にある非常においしいチベット・インド・ネパール料理屋。これまで足を運んだカレー店の中でも、最も美味な店の中のひとつであり、濃厚で非常にコクのある

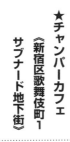

味わい深いカレーが特徴的。具材が豊富で、しっかりと煮込まれ熟成されたカレーに、おそらくヨーグルトによるものと思われるほのかながらも刺激的な酸味、その他にもいろんな味が含まれていると見える奥行きの深い味の広がりが非常に印象的。ナンも非常に甘く、ふっくらしており、カレーとの相性も抜群で非常にクオリティが高い。店自体は雑居ビルの中にあり、美味以外に特筆する点は特に思い当たらないごく普通のインドカレー屋。しかしそれだけにこの店の味は他店と比べても群を抜いており、是非おすすめをしたい一店である。

**★東京らっきょブラザーズ**
**《新宿区馬場下町61-9 山口ビル1F》**

札幌系スープカレー。ホームページを見ると分かるように、かなりサブカルノリというか、大人から見た「若者」といった感じ（小さい子どもがいるくらいの年齢）のノリである。別に嫌いな感じではないが、我々のような教室サヴァイヴ世代にはちょっと息苦しい。しかし味は、スープカレーの中ではかなりこだわっていて美味しいとは思う。何となく当然のような気もするが、朝鮮料理のスンドゥブに似た味である。具からの出汁がしっかりと出ていて、さわやかな辛さである。おすすめ。

**★新宿ボンベイ**
**《新宿区西新宿1-18-13 近江ビル1F》**

老舗なだけあってさすがに美味。チキンカレーはペーストと良質な油が混ざり合っている。メニューが充実していてどれも凝っている。もちろん安くはないが、高くもないのが嬉しい。

**★もうやんカレー大忍具**
**《新宿区西新宿8-19-2 TKビル1F》**

チェーン展開中。こってりした昔の日本のカレーを、現代の健康志向にうまくあてはめた形。例の「蒸しじゃがいも」が食べ放題。日本独自のカレー（ガラパゴスカレーと呼ぼう）の進化のプロセスとしては、日本のこってりカレー→神保町欧風カレー→もうやんカレーといったところだろうか。

**★新宿ドミニカ（東京ドミニカ）**
**《新宿区新宿3-31-1 第2大伸ビルB1F》**

出汁ありきの味も油っぽさも見た目もコスパの悪さも一昔前に流行った札幌のスープカレーとしか言えない。さすがに具の質や大きさは、そこがメインと言うべきものなのでしっかりしてはいる。ただ、完全に想定内の味であるため、あまりの普通っぽさに言葉が続かない。

**★デリー上野店**
**《文京区湯島3-42-2》**

カウンターのみで狭い店内だが、とにかく食べてみてほしい。非難を覚悟の上あえて言うが、見た目だけ取り

纏った女・子ども向けの外食店や、豚の餌と揶揄される男子学生騙しのジャンクフードチェーン店が蔓延る現在の日本において、食と「出会う」瞬間の衝撃を体感できる店は、もはやカレー屋しかないし、カレー屋ですらそんな店は少ない。デリーは数少ない、そんな邂逅のための店である。デリーに行かないことにはカレーを語る言語を補完することができないのだ。

## ★ソウルフードインディア

**《水道橋店文京区本郷1-21-7》**

とにかく量が多い。ディナーセットは、カレーとナンにパパド2枚、サラダ、ドリンクがついてくる。そしてラーメンのどんぶりのように大きいお皿に入ったカ

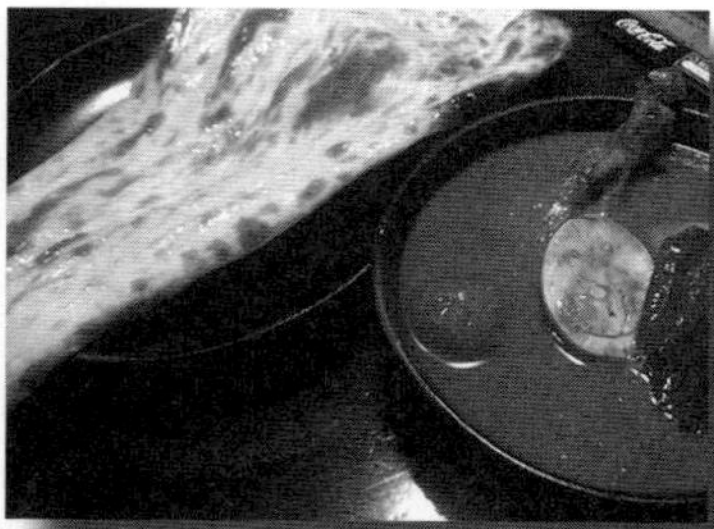

レー。ナンも、パンのような分厚さと大きさで、もはやテーブルからはみ出しそうであった。ルゥは濃厚で、トマト強めの味。具のボリュームもあり食べ切れなかったので、残りは持ち帰らせてもらった。辛くなかったかと聞いてくれたり、快くテイクアウトにも応じてくれた。

## ★スパイススマイル

**《文京区本郷1-25-1》**

後楽園、東京ドームシティ近くのスープカレー店。

女性向けの雰囲気で、ついつ入店してしまった。
しかし味は特筆するほどのこともなく、具を串刺しにしているセンスにも少し引いてしまった。

★スパイスカフェ

《墨田区文花1-16-10》

予約が取れないということでも有名なお店。いつか行こうと心に決めていて、誕生日にどきどきしながら予約の電話を入れた。古民家風の店構えの雰囲気は最高。

コースをいただいたが、前菜、カレー、デザートのすべてから、A級グルメのセオリーにきっちりとのっとった丁寧な仕事っぷりが窺える。素晴らしいと思う。

カレー自体は南インド系のカレーの「何か物足りない側面」が大きく働いている気がするが、それはこのコースの調和を乱さないためには、良い塩梅なのかもしれない。

味自体にはもはや意味はない。きっとこの雰囲気、そしてこの経験、ここで過ごす時間にペイしているのだ。そのためには、無味に近ければ近いほど良いのだろう。

★ミライカンカフェ

《江東区青海2-3-6　日本科学未来館》

正直なところ、ドヤ顔でカレー専門店を名乗っている店の中には、トンデモなお味のカレーを提供なさるお店もある。そんな店は日本科学未来館のカレーを見習うべきだ。博物館の中のカフェと

は思えないほどしっかりした味つけである。ぜひ一度味わってみてほしい。展示を見た後、カレーを食べながら一休みしてはいかがだろう。他のオリジナルメニューとの相性も抜群！

**★ラクシュミー　《品川区上大崎2-27-1 サンフェリスタ目黒》**

非常に味が濃くボリュームがある。特にチーズナンの濃厚さは驚くほど。北インド、ネパール寄りの料理が中心であり、メニューの種類が豊富。

**★カーナ・ピーナ　《目黒区祐天寺2-17-9》**

口に運び、風味が鼻に抜けた瞬間、思わず笑ってしまった。

なんとぶっ飛びそうな味なんだろう。ケミカル？　いや、複雑。

それにしても、食べれば食べるほど、どうにかなってしまいそうな味は癖にしかならない。目をつりあげて熱狂して食事をする。そんな経験をできるということそのものが、人生で見つけた宝物だ。

**★タージマハール　《目黒区自由が丘2-15-7 2F》**

このお店の最大の魅力は、近くなら電話一本でデリバリーしてくれることだが、店内で食べる高級感も相当の

ものである。ものすごく豪華で清潔な内装は、ぜひ一度足を運んで確認してみてほしい。おそらくこういった雰囲気をラグジュアリーというのだと思う。独り占めがもったいないくらいだ。こちらの宮殿は、一人前が一人前とは思えないくらい濃厚で贅沢な味。昔、マクドナルドのエビカツバーガーは「一口に一海老」というコンセプトで売り出していた、という話を聞いたことがあるが、こちらはそれどころじゃない。たとえば、ボンベイシーフード。一口に6アサリだ。大げさでなくそれくらい新鮮な具を惜しみなく使用している。出汁の効いたルゥと、ひとつも生臭くない魚介類が次から次へと口に入ってきて大忙しである。若干疲れてしまうかもしれないくらいだ。嬉しい悲鳴ではあるが。もちろんお値段は高めだが納得のいく味と量と質である。

非日常的で多方面にインパクトのあるお店だ。

## ★ガラムマサラ《世田谷区経堂1−22−18 タイムポート経堂2F》

経堂駅から徒歩3分、地元の人に愛されているカレー屋がここ「ガラムマサラ」だ。多くの友人に「おすすめのカレー屋さんある？」と尋ねると、ここが挙げられることが多かった。「店主のハサン氏は天才」との口コミも多く、訪問前から期待値は急上昇していたが、その反面、期待以下だったらどうしようという不安もあった。午後1時半くらいに訪問したところ、「本日のランチタイムは材料切れのため終了しました」と告げられた。高まる期待値、耐えられない空腹、そして自分の前に入店した人たちは入店できていた

こと、などさまざまな要因が重なり、どうしても食べたいという思いが抑えきれず、あろうことか思わず泣いてしまった（いい年してカレーのことで泣くなんて馬鹿にもほどがあるよね）。あわてた店員さんに「泣くほどのことじゃ……昼はたいしたことやってないし……そんなに食べたいなら、なんとかするよ」と言っていただき、なんと入店することができたのである！　比較的珍しいビーフカレーもあるこのお店。ナンは薄く、ルーはさらさらしてのど越しがよく、程よい辛さ、なにもかもがたまらない！

　訪問前の心配は杞憂に終わった。写真のマサラセットのほかにも、野菜カレーをおまけしていただき、「今度は夜、来てみてね」と声をかけていただき、もう、至れり尽くせりなあまりのやさしさに、またまた泣いてしまった。そして後日、夜に再訪してみたところ、自らの舌を疑うほど美味だった。「こんなに美味しいわけない」と何度も疑いたくなるほど、浮世離れした美味しさに完全に虜にされた。もちろんカレー以外のメニューも充実しているので、ガラムマサラファンは要チェックだ！

### ★サウェーラ

**《世田谷区桜新町1-13-4　清水ビル2F》**

　私がカレーの虜になったのはサウェーラがきっかけである。それまでは、ナンを「デカイ靴みたいなパン」としか思っておらず、多くの外国の料理がそうであるように「味を楽しむために食べる類のものではない」と勝手に認識していた。ところがもう、一口食べた瞬間、言葉で表現できないくらいの衝撃的美味が身体を走り抜けた。それ以来、カレーに魅せられたくさんのカレー屋に行ったが、いつも判断基準はサウェーラであった。「サウェーラより美味しいか否か」「サウェーラより店員さんが優しいか否か」「サウェーラより居心地が良いか否か」という基準で、カレー

屋を評価している。そしていまだに、あらゆる観点から見ても、サウェーラを越えているお店は見つけられていない。本当に出会えてよかった！　写真はクリスマスランチセット。いつもの店員さんに、「クリスマス楽しんでね〜」と言われてキュンキュンした。

## ★ビストロ喜楽亭

**《世田谷区池尻3-30-5》**

レーズンとオニオンフライの載ったライスが特徴。壺に入った熱々な壺焼きカレーが運ばれてくる。欧風カレーの肉は、量が少なく生臭いことが多いが、こちらのお店の肉はまったく臭みがなく、ボリュームもある。ルウは若干コクが足りない気もするが、食後の満足感は想像以上である。少々値が張るが、欧風カレーの店の中ではトップクラスの味。「鯨カレー」などもあり、メニューの種類も豊富。

## ★SPICIA

**《世田谷区奥沢5-20-17 terrace Jiyugaoka 2F》**

キーマとバターチキンをいただいたが、非常に美味しかった。もっちゃりと嫌な口当たりはなく、サラサラとしているのにまろやかで、永遠に食べていたいとさえ感じた。少し味が薄いと思う方もいるかもしれないが、筆者はこれくらいの味で、かつやさしい甘みのあるカレーが一番好きなのでとても良い店にめぐりあえたと思っている。

### ★カレー食堂　心

**《世田谷区北沢2-34-8　KMビル1F》**

札幌系スープカレーのお店。ご飯は玄米か白米が選択可能。味海苔が嬉しい。スープのベースの味がかなり濃いめなので好みは分かれるかも知れない。じゃがいもなどの具は素揚げされているため、見た目よりもこってりしている。意外にも、セットのサラダのドレッシングと新鮮な野菜の存在感があった。少々割高ではある。

### ★馬来西亜マレー

**《世田谷区祖師谷4-21-1》**

東京一美味しいという噂を聞きつけ足を運んだ。結論からいうと、なぜもっと早く行かなかったのか後悔した。なんやこれは！……おいしすぎるではないか！マレーシアはマレー系、中国系、インド系などの多民族国家であり、それぞれの料理の文化が交じり合っている

というが、なるほど、それぞれの文化の料理の特長が活かされている。ボリュームも大満足。予約推奨。

### ★TOMBOY INDIAN LOUNGE DINING 渋谷106

**《渋谷区道玄坂2-6-17 渋谷シネタワーB2》**

店の雰囲気はチャラい。接客も決して良くはない。ただ味は、口に運んだ瞬間、思わず「うまっ……！」と漏らしてしまうほど美味しい。悩ましい。接客・雰囲気と

味の天秤が高速で揺れ動く悩ましいカレー店だ。

しかしそこはフードリバタリアンを自称してるのならば、味のみに衝動を任せるべきだ。

## ★TOMBOY INDIAN LOUNGE DINING 池袋2号店

**《豊島区南池袋3-13-17 MASHITA5 2F》**

渋谷の接客がぶっきらぼうならば、池袋のテンションは逆に馴れ馴れしすぎる。しかしこちらも、味もメニューも申し分ない。夜は居酒屋としてにぎわっているようなので、お一人様はご注意。

## ★ネパリコ

**《渋谷区桜丘町30-18 メイサ南平台1F》**

渋谷の食砂漠説は、この日を境に覆ることとなった。評価の高いお店ではあるが、予想以上に美味で清潔、上品で健康的な味であった。個人的には、もう少し塩気があってもいいかとは思ったが、これくらいのほうが具の味がはっきりとわかるのでいいかもしれない。チキンはまったく生臭くなくて美味しい上、ルゥ自体と比較してもかなり多めに入っていたので嬉しい。駅からは少し歩くが、そこまで遠いわけでもないのに、あのゴミゴミした喧騒を忘れさせてくれる。雰囲気もかなりいい。

### ★タイガーデン

《渋谷区宇田川町24-10 B1》

チキンの存在感のあるレッドカレーは、ジャスミンライスとの相性が抜群。個人的にはタイ料理店の中でも上位だと思う。店全体の雰囲気も良いが、あまりにも魚醤のにおいが充満している気がするのは地下にあるからだろうか。

### ★サムラートカレープラザ

《渋谷区宇田川町12-12 丸石ビル》

有名インドカレーチェーン「サムラート」のファストフード版といったところだろうか。渋谷で食事に困ったら、あるいは急にスパイスを欲した時に便利。手軽に食べられるインドカレーということで珍しい食券制だが、侮るなかれ。非常にサクサクしたナンは、軽くカレーを食べたいときにうってつけである。ルゥの量は少ないが食砂漠である渋谷のオアシスだ。

### ★SHANTi

《渋谷区神宮前3-26-11 ホノラリー原宿ビル2F》

とてもおしゃれなエリアにある。テーブルごとにカーテンで仕切られていて雰囲気がいい。具の存在感たっぷり。辛さを細かく選ぶことができ、北海道スープカレーにありがちな出汁ありきの味ではなくエスニックな味わい。原宿も大概食砂漠なので、迷ったときはここ、と決めている。

## ★YOGORO

**《渋谷区神宮前2-20-10 小松ビル1F》**

原宿駅から竹下通りを抜けて、障害者センターを通り過ぎ千駄ヶ谷の方に歩くこと約10分、決してアクセスがいいとはいえない場所に、ここYOGOROはある。とあるルートから聞いた話によると、某バンドMのSがお忍びで来ることがあるとの噂だ。なるほど、S氏が好みそうな半地下の非常にお洒落な空間である。メニューはチキンカレー、チーズ&エッグカレー（トマトベースorほうれんそうベース）、キーマカレー。今回はチキンカレー（ほうれん草ベース）をオーダー。ついでに温泉卵をトッピング。インド・ネパール料理でよくあるサグ系カレーとも違い、水分が多い中にも濃い目の深い緑が印象的。一口食べると、口の中にあっという間に広がるにんにくの香ばしさとほどよい油と、クリーミーさ！　民族料理でもなく、高度経済成長丸出しの小麦粉を使いまくっている日本のカレーでもなく、日本のカレーヲタが際限なくスパイスぶっこんだ頭がおかしくなりそうな味でもない、新しい日本のカレーといえる。オイリーさが苦手な人や、体調によっては完食が難しいかもしれないが、これは一食の価値あり。たちまち「イノセントワールド」に行けることだろう。

## ★GARDEN

**《渋谷区恵比寿西2-11-8 ROOB5ビル3F》**

カレー専門店ではない。パワーストーンバーである。なんでも、オーナーが世界47カ国をめぐり集めた貴重なパワーストーンのコレクションに囲まれた空間で（触らせていただいたりしました）、それぞれのパワーストーンをイメージして作ったオリジナル・ストーンカクテル

が楽しめるお店である。メニューに効果なども書いてあるし、バーテンさんに自分に合ったパワーストーンカクテルを作っていただくことも可能である（ちなみに筆者をイメージして作っていただいたところ「コミュ障が治る」効果のパワーストーンカクテルであった。あらやだ、どうしてご存知なのかしら）。

さて、肝心のカレーであるが、まずドアを開けた瞬間に鼻腔をくすぐるスパイスの香りに瞬間的にヤラレた。実は明文化されたメニューはなく、オーナーが気まぐれでコースのような感じで料理を出してくれる。構成は前菜×3、メインディッシュ×3、おつまみ×3、デザートといったところだろうか。メイン以外は、サラダや乾燥コーンなどのすべて軽いものである。が、メインは写真のカレーと、石焼カレーうどんなのだ。そして、このルゥが妙に美味しい。なんなんだこの感覚！パワーストーンに囲まれた空間で、美しすぎる色をしたカクテルとカレーとカレーうどんを食す……本当にどうにかなってしまいそうだ！すべてあわせて（こちらもざっくりと）1人6000円くらい。決して安くはないが、普段あまりできない経験ができるお店だと思うので、いろいろな刺激がほしい方はぜひ行ってみてはいかがだろうか。

## ★やるき

**《中野区本町4-36-7-1F》**

「タモリ倶楽部」などでも取り上げられたスパイス&ハーブ居酒屋。すべてのメニューがスパイスで調理されているという変わったお店。店

主のトニーさんの腕に惚れ込んだ常連さんも多く、店内は常に満席。いうまでもなくどのメニューも最高であったが、この日一番ハマってしまったのは限定メニューのさんまのスパイス焼きである。魚介類とスパイスの組み合わせは2つの意味で新鮮である。さんまの元々の濃い味を必要以上に打ち消さず、引き立てるスパイスはグッドジョブ！

**★バンダリ**

**《杉並区阿佐谷北2-1-8》**

居酒屋のような店内は狭く、入りにくい雑多な雰囲気はいかにも中央線らしい。サラダのドレッシングが鮮やかで、チキンカレーのルゥも若干緑がかっていて色彩的に楽しい。ナンは熱いうちは甘みが強く、口に運ぶ手がとまらないが、冷めると非常にかたくなるのが難点。

**★シャンティ本店**

**《豊島区駒込1-41-15》**

駒込はインドカレー店が多い。こちらはとても広く、ライブハウスのような雰囲気。ボリュームたっぷりのツーカレーセットをプラス100円でチーズナンに変更してオーダー。ルゥもチーズナンも非常に濃厚で豪華な気分が味わえる。ちなみに、「シャンティ」というカレー屋の店名が多いので調べてみると、サンスクリット語で「平和」という意味らしい。

**★Sync**

**《渋谷区恵比寿西1-13-7 恵比寿西5ビル2F》**

味と量と値段を比較すること自体、意味があるのか？そもそも、カレーを食べるにあたって、意味が必要な

のか？……といった思考も遮断されるほど、美味しい。とにかく美味しい。ただ、ひたすらに美味しいカレーだ。確かに価格は高い。が、間違いなく、美味しい。

今回頂いたのは冬季限定の牡蠣とクレソンのカレーであるが、口に運ぶたびに幸せの鐘が鳴り響く。これでもかというくらい牡蠣とクレソンが入れられているこのカレーは、一口食べた際の印象は、単なるサブカル気取りのとろみの少ないカレーであるが、食べ進めるうちに奥深いスープに満足させられる。

**★Kirin city**

**《港区六本木4-10-10 正直家ビル2F》**

チキンカツカリーのルゥは、新一番搾りスタウト（黒生）を使用しているということらしい。よこすか開港ペリーカレーで、何か炭酸の飲料を使うということに抵抗が生まれてしまっていたのだが、食べてみるとほろ苦いルゥが非常に美味しかった。こがね鶏のチキンカツも、しっかり揚げられていてサクサクだった。キリンビールのバーということだが、ランチメニューもなかなかだ。

**★東京スタミナカレー365 秋葉原道場**

**《千代田区外神田4-3-11》**

で、でた〜〜ｗｗｗｗスタミナ系カレー奴〜〜ｗｗｗ（古）。

この類のカレーは、世の男の子の間では定番だろう。ソウルフードだとか、パワー飯だとか表現できるだろう

が、もっとはっきり言ってしまうと、質より量のスピリットで突き進む系カレー、だ。

確かにそれはそれで、支持を集める理由はわかる。飢えた雄たちが力仕事をするためにはこういったカレーが存在する必要もあると思う。脂っぽいが、脂っぽくてナンボの世界。

かつて、お笑い芸人の長井秀和が吉野家を「女はしょっぱい顔して紅ショウガでも咥えて外で待ってろ」という表現で女人禁制の聖域としたが、この店もそういう男の子たちの聖域だと思う。しょっぱい顔して福神漬けを咥えて外で待つとしよう。

## ★カッチャルバッチャル

**《豊島区南大塚3-2-10 林ビル2F》**

グルガオン、ダバインディアで修業された方のお店、ということで、カレーもチーズクルチャも、その系統。つまりは、泣くほど美味しかった。神か何かか？　店内もオシャレで素晴らしいとしか言えない。

## ★MOTI

**《港区六本木6-2-35 ハマ六本木ビル3F》**

豪華絢爛な店内。六本木でもかなりの有名店だといわれているこちらのお店。

その中でも一番人気というチキンジンジャンジリをオーダーしてみた。卵やカシューナッツ、レーズンやチーズ

の食感や風味が珍しい感じで楽しい！　味もマイルドで、これは豪華で美味！　カレー、そして食文化とは奥が深いなぁ……幸せな底なし沼だなぁ……と思い知らされる一品。贅沢をしたい気分のときにまた行きたい。

**★トラベルカフェ（シャウエッセンカフェ）**

**《六本木6-1-3　六本木六門ビ1F》**

元々はトラベルカフェであったが、2014年4月2日から2015年3月31日の1年間、シャウエッセンカフェとなり、その名の通りシャウエッセンを使ったメニューを提供していたお店である。

ドライカレーを頼んでみるとシャウエッセンがどんどんと2本のっていた。さすがにプリプリでジューシーで美味しかった。ドライカレーも、素揚げされた野菜もおいしかったが、ヨーグルトベースのドレッシングがミスマッチだったような印象を受けた。惜しい。

現在はトラベルカフェに戻っており、カレーはシャウエッセンの載っていないものになっている。

**★草枕**

**《新宿区新宿2-4-9　中江ビル2F》**

店主は北大進学後、カレーにハマり、「札幌スープカレー・スパイスカレーブームの始まりから拡大期を目の当たりにし、また旅行を通じて世界各地のスパイス料理や多種多様なカレーを体験してきました」（ホームペー

ジより）ということらしい。

草枕を訪れた多くの人が、口をそろえて美味しいという前評判を聞いていたので、食べに行くのをすごく楽しみにしていた。期待は裏切られることなく、自信を持って他人に勧められる味だと思った。さまざまなカレー経験を活かしたカレー作りをしているというのがわかる一皿。非常に美味しい。草枕のカレーがあれば、住みにくいとされるこの人の世が、素晴らしき世界に変わる。

## ★ナイルレストラン

**《中央区銀座4-10-7》**

言わずと知れた有名店。半ば強制的にオーダーさせられるムルギーランチは、すべて混ぜていただく。二代目

店主のナイルさんの「まじぇて〜（混ぜて〜）」が心地いい。

味はもちろん美味しく、確かにすべて混ぜていただくのが、一番美味しい食べ方だと思う。

歴史あるこのカレーと、先代のナイルさんが背負ってきたもの、そして彼が戦ってきた軌跡は、インドにとって、日本にとって、世界にとっての宝物だと思う。感謝しかない。

## ★ニルヴァーナ

**《港区赤坂9-7-4 東京ミッドタウン ガレリア ガーデンテラス1F》**

六本木のど真ん中で、ランチバイキングに挑戦。夢のようなルー、サラダ、デザート、ライス、ナンの数々

……。白昼夢のような、目くるめくカレーパラダイス!! 一つひとつの品が、高級であることが分かるような、丁寧な作り方をしている。時間さえあれば、何度も訪問して、何度も堪能したい。

**★サイーファ ケバ ブアンド ビリヤニ**
**《六本木4-11-8 フランセビル1F》**

味が濃く、濃厚な北インド系のカレー。ものすごくボリューミー！ 非常に美味しく、満足だ。そしてこの店の特徴は、何と言っても店員さんたちが優しいことだ。すごく優しい。

「ハジメテキタノ?」「カラクナイ?」などと話しかけてくれたり、「サービススルネ」と言って、頼んでいないのにラッシー、前菜のパパド、タンドリーチキン（しかも2本も！）、そしてココナッツアイスまで出してくれたのだった。もはやフルコースである(笑)

店名から察するに、ビリヤニも美味しそうだ。いつか行きたい。（※私がビリヤニを食べる機会が少ないのは、だいたい

ビリヤニが2、3名で食べることが前提である料理だからだ。つまり、ぼっちということだ。言わせるなバカヤロー！笑）

**★タワーレコードカフェ**
**《渋谷区神南1-22-14 タワーレコード渋谷店2F》**

あらゆるカフェで、キャラクターとのコラボカレーが提供される期間がある。

今回は渋谷のランドマーク、タワーレコードの中の

カフェ、その名も「タワーレコードカフェ」にお邪魔した。期間限定で、某国民的青い猫型ロボットを模したカレーがあまりにも可愛く、ついついオーダーしてしまった。しかし、予想できていたはずなのだが、そこそこ美味しくない。大味というか、ひたすらに微妙、なのだ。そもそも、カフェのカレーの存在する意味が分からない。何がしたいのか分からない。そしてキャラの可愛さに依存したところで、まずいものはまずい。キャラが可愛ければ可愛いほど、美味しくないと辛い気持ちになってくるので、止めて欲しい。

ドラちゃんがかわいそうだ。

**★エーラージ**

**《豊島区南池袋2-42-7》**

南インド系のぶっとびスパイス系のカレーである。大きな煮込まれたチキンが入っているのはポイントが高いが、正直なところ味に奥行きを感じなかった。かなり本場寄りの味なのだろうと思う。

**★ケララバワン**

**《練馬区豊玉北5-31-4 松村ビル1F》**

南インド系のスープ状のカレーにありがちな、

「何を食べているかわからない」というスカされ感がまったくない。スープ自体に染み出した味がしっかりとしているため、匙はテンポよく口内に運ばれる。ライスもバターが強めであり、カレーとマッチしている。南インド系カレー店の中では、安心して通うことのできる店ではないだろうか。

## ★ハンマーヘッドカレー

**《世田谷区池尻4-34-16 ピクセルツイン1F》**

元 BLANKEY JET CITYのベンジーこと浅井健一のカレー屋、ハンマーヘッドカレー！ ハラッキというbarを間借りして営業している。2015年12月に一時閉店したり、営業日や時間など変更になることが多いので、よく調べてからの来店をおすすめする。

普通アーティストのお店とは、まあ、名前だけ貸しているというのが相場な訳で、その辺は暗黙の了解だと思うが、ハンマーヘッドカレーは、マジでベンジーが朝のうちに仕込みをしているらしい。ガチな味がしてニヤける。

これが不良の味、硬派な味。

「バンドマンに作ってもらうカレー」が持つ意味を、しっかりと考えたい。そこには、チンタラしてるカレー幻想を打ち砕くカギがある。

## ♥♥チェーン店

チェーン店のレビューと聞くと、自称グルメたちは鼻で笑うだろう。しかし、チェーン店のように、どこでも画一化されたもの、そしてそれにも関わらず微妙に垣間見える差異を語ることは無意味ではない。味の複製はポップなのか？　考える意味はある。

### ★コバラヘッタ

チェーン展開。非常に便利である。どの店舗も雰囲気は高級感のある内装。一品料理やチョコナンなどのメニューも頼みやすく、お酒の飲めるコースもあり。スパイスの感覚は弱く、ビーフシチューのようなので辛い物が苦手な人にはお勧め。

### ★中村屋

お高く留まってらっしゃる、とか悪態をついてしまいがちだけれど、これはこれで日本の伝統を守っている店なので大事にしなければならない。

### ★SOUPSTOCK TOKYO

「チェーン店なんてレビューしなくていいじゃんw」とのたまう輩がいたとしても、我々はチェーン店こそ語らなければならない。好きか嫌いかは関係なく、チェーン店こそ現実だからだ。かつてとは異なり現在では、その町それぞれの特徴はなくなってきていると言われている。その町の画一化はチェーン店のせいだと言われる

が、画一化した町の隙間にするりと上手に入り込めるものもチェーン店しかないのではなかろうか。東京などの都会においては「割とどこの町でも」同じものが食べられる。つまり当然なのだがメニューもほぼどの店舗でも同じであることが魅力なのである。いわばメニューの横並び感、多神教感に惹かれている。攻略、あわよくばコンプリートしたい欲をくすぐる感じ……。そうして思想が死んだ町にするりと入り込むチェーン店を利用するということが、ある種のオフィシャルな行為であり（誰でもどこでも経験できるという点で）、非常にコレクション願望をそそる。そして何と言ってもSOUPSTOCKの一番の魅力は、SOUPSTOCKTOKYO、つまりTOKYOであることである!! 馬鹿馬鹿しいとお思いだろうが、これだけは譲れない。SOUPSTOCKは東海地方、関西地方に店舗はあるもののごく少数でしかない。中四国にいたっては、一店舗もない。つまりSOUPSTOCKのカレーがたとえばココイチと異なる決定的な点は、町ごとの特徴や属性、意味や思想を失った東京の隙間に入り込んでいるか否か、ということである。世界が歪《ひず》まないためにSOUPSTOCKは存在する。店舗による日替わりスープや、日替わりのカレー（こちらはどの店舗でも統一されている）も、コンプリート欲を誘う。もはや味はどうでもいい。予定調和であればあるほど、熱くなってしまう稀有な存在はSOUPSTOCKしかない。

### ★ターリー屋

インドカレーもここまで手軽に食べられるようになったなんて、日本に生まれてよかった！ という完全に矛盾したことすら思ってしまう。ルゥはマイルドで、見た目よりもボリュームがあり満足。看板メニューのターリー定食は目玉焼きがポイント。選んだ2種類のカレーを混ぜるのもおすすめ。タピオカ入りのラッシーやチャ

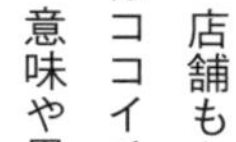

イも楽しめる。テイクアウトも大人気。チェーン店だが、一押しは青山一丁目の青山ツインタワー内の店舗。駅ビルなので非常に便利。

## ★CoCo壱番屋

写真は期間限定の「インドカレー」だ。しかし、これはインドカレー「風」でしかない。それはまるで、らーめん花月がいろいろなお店のインスパイアラーメンを提供するのと同じように、あるいは、アイドルの楽曲が、ガチのロックや青春パンクではなくオマージュであるのと同様に。

普通の家庭系平和ボケカレーをインドカレー風にした、ただそれだけのことだ。

## ★ゴーゴーカレー

言わずと知れた、金沢カレーチェーン店。店内は、自社オリジナルの映像がガンガン流れている、特殊な空間だ。

黒い金沢カレーのルゥは、見た目よりは繊細な味がするが、それでも味は濃い。特に冷めてくるとどんどん塩気が濃くなってくると思う。

余談だが、総重量2・5kgの「メジャーカレー ワールドチャンピオンクラス」というメニューがあるのだが、以前同行者が2時間かけて完食した。

その間、福神漬けを咥えて外で待っていようか本気で悩んだ。

## ♥♥追悼コーナー

今までに訪問したことがあるにもかかわらず、その後閉店したお店を追悼するコーナー。今はもう存在しない店を語ること、つまり死を想うことも、いや、死を想うことこそが愛である。

またどこかで、成長した姿で巡り合えることを願って。

### ★ニルヴァーナ　スパイスカフェ
**《横浜市西区高島2-16-1　ルミネ横浜店6F（閉店）》**

やたらカッコイイ店名だが、ものすごく接客がぶっきらぼうだったことが思い出される。ファッションビルの中の飲食店は、「ファッション」という「食」とは対極にある概念で埋め尽くされているため、味よりもローカロリー至上主義のお店が多い。よって真っ当な評価を受けることも、長年続けて固定客を得ることも難しいのかもしれないが（そもそも、あらかじめビル側との契約期間が決まっているのかも知れないが）、そのような諸々を差し引いても決して美味しくはなかった。スパイスに奥行きがないというよくある失敗をしているにもかかわらず、具の元々の素材の味を抹殺してしまっていた。閉店という結末は、このカレーを食したときから予測できていた。店名どおり、数多ある美味なカレー屋へのNirvana（＝生贄）となってしまったのだ。次はファッションビルではない場所で、そしてコクのある味に転生することを希望する。

### ★ヒマラヤ
**《千代田区神田神保町1-16　武藤ビルB1F（閉店）》**

ランチが破格の500円であり、神保町界隈でマイルドな北インド・ネパール系のカレーとナンを食べられる店は貴重だっただけに閉店は残念。来店のきっかけは、ホールのインド系の店員さんがすごくイケメンだとの情報を聞きつけたという、至極不純なものであったが（インド系のイケメンという人を見たことがなかったのでピンとこなかったが、一見して納得した！）、味は本当に確かだった。ディナーは割高だが、それでも納得の高級感のあるテイスト。チキンバターマサラは、濃厚すぎるくらい濃厚で、トマトの味が強かった。そして何より驚いたのは、それまでに一番美しくカレーの写真が撮影できたことだ。恐ろしいくらい紅く鮮やかなルゥ、その上で滑らかに弧を描く生クリーム、迷いのない線と程よい焦げ目のナン……あまりの衝撃的な写真にため息が止まらなかった。何度も拡大しては、その美しさを確認した。おそらく、ルゥも生クリームも濃厚なあまり、奇跡の螺旋が崩れないのだろう。もう会えない存在だと思えば思うほど、寂しくなり、思い出は愛しくなる。元々のカレーの美しさが、再会できない哀しみによって、私の中でさらに大きくなる。

**★タージマハール渋谷八番街店**
**《渋谷区宇田川町23-3 第一勧銀共同ビル7F（閉店）》**

とろけるような暑さだった。30度を超えていた。土曜日の時間のない昼下がりにムガールマハール（＝宮殿）で流暢に食事をしようと20代のクソガキが思ったことに対する罰だったのかも知れない。この日ほど「はなまるうどん」に行くべきであった、と思ったことはない。カレーを好きになって、初めて裏切られた気持ちになった。一言で言ってしまっていいのだろうか。憚られる。それでも私は言わなければならない。「この店はまずい」と。しかしまずい

と言い切ってしまってはならないのかもしれない。30度超えのせいかもしれないし体調が良くなかったのかもしれない。あるいはメニューのチョイスミスかもしれない。本当にまずいわけではないかもしれないのだからまずいと言い切るのはよしておこう。それでも事実として言えることは「私は、この店のカレーがあまりにも口に合わなかったため、オーダーしたバターチキンを3口、ナンも表面の半分しか食べられなかった」ということである。通常まずいという感覚は、1口目を口に入れてから感じるものではあるが、今回の場合は、運ばれてきたときから分かってしまった。

　大変申し訳ないが、もう見た目からして受けつけないビジュアルであった。ラー油みたいなものが浮いていてペーストと2層になっている。ナンプラーかしら。それともビンダル？　……それはいいとしても、その上に生クリームをかけるのはアリなのかナシなのか。運ばれてくるときの揺れのため、ペーストが白い陶器のお皿のふちについていた。白い陶器は、もしやTOTO、あるいはINAX製なのではないかと錯覚してしまうくらいのペーストの状態であった。まあいい、もう許そうではないか。見た目を非難するのは可哀相だ。人間もカレーも、大切なのは中身ではないか！　……チキンを口に運ぶ。カッチカチだった。ナンプラーと生クリームが絡みつき、チキンの硬さを際立たせている。「これは可食部分がない」そう判断した私はナンだけ食べることにした。ところが苦い。そして表面はバターでテッカテカ。なぜだ？　裏面をめくる。案の定黒い。焦げている。ナンの焦げた裏面をはがして、表面だけを食べることにする。それでも、表面すべてを食べることは無理そうだ。ナンにもほぼ可食部分がない。胃と舌がナンの表面を覆うバターを拒絶する。仕方ない、ナンの表面は半分にしよう。三枚おろしだ。そのとき私は、はるか昔の家庭科の授業で「可食部分は55％」という文言の上にかかれてた鯵のイラストを思い出していた。「ああ、これが鯵だったら、55％は食べられる（しかも美味しい）のに……」私はほぼ泣きながら、ナンの表面の半分を食べて食事を終えることにした。空腹のままだった。こんなに残したままでお会計するのも申し訳なさ過ぎると思いつつ、急いで伝票をレ

ジに持っていった。

「1100円です」

あなたは1100円もするナンの表面の半分（＋カチカチのチキン2、3口）を食べたことがあるだろうか。私は自分の身に起きたことを、何度も脳内で反芻してみたが混乱してよく分からなかった。

震える手で1100円ちょうどを清算し、逃げるように店を出た。照りつける7月の太陽も、私の涙を乾かせなかった。

閉店したと聞き、安堵のような感情すら覚えた。

**★さのばんさ**

**《目黒区鷹番3-10-8-2F（閉店）》**

料理の温度が若干生ぬるいのが気にはなるが、ナンも甘くルゥの味もしっかりついていて、かつあっさりしているので食べやすかった。夜メニューも食べてみたかった。残念。

**★ Curry Liv'z**

**《横浜市西区岡野1-1-32（閉店）》**

なんで……なんで潰れてしもうたんや！　と、心の底からその閉店を残念に思ったのは、この店が初めてではないだろうか。本当に美味しかった。だいたいどの店の焼きチーズカレーも、ショボい量のチーズで適当なルゥの味をごまかしているが、ここの焼きチーズカレーはそんな子供だましと同列に語るのも申し訳ないくらいの味のクオリティであった。

スパイスにも店主のこだわりが見えていたし、オシャレな店内であったし、本当に一点もケチのつけどころがないくらい完璧だったのに……っ。なんでや……。立地か？

いいのに！　行くのに！　そりゃークソマズ

イラーメン屋とかのために駅から歩くのは嫌だよ？　けれども、理想郷があるならば、そこに向かって旅をしないヤツなんていないじゃない？　うおおおんうおおん。一縷の再開の望みにかけてみようか。心の支えとして。

## ★パタヤ

**《新宿区神楽坂5-30 ファン神楽坂Ⅱ3F（閉店）》**

元々神保町にあった店舗が神楽坂に移転。そしてその店舗も撤退してしまったという。グリーンカレーは量こそ少ないが、非常に辛いためかボリュームがあるように感じられたのを覚えている。毎週水曜日の18時～23時はフードメニューが半額になるという破格のサービスなども行っていた。

## ★ナマステ

**《大田区山王2-2-7 八景坂ビルB1（閉店）》**

台風の日に暴風雨に打たれながら大森「ケララの風Ⅱ」に向かっていた。傘はお猪口になってしまい、商店街は次々と臨時閉店。「ケララの風Ⅱ」も例外ではなかった。しかしどうしてもカレーが食べたかったので駅に近いこちらに。インド・ネパール系かな？　と思いきや、

なんとアジア全般のメニューを扱っており、インドカレー、タイカレー、タイ料理はもちろんのこと、チャーハンや餃子、ラーメンなどの中華から、果ては和食のようなメニューまであった。いや、確かにアジアだけれども！　カレーの量は多いが味は普通、もしくはそれ以下なので、もう少しメニューを絞るのがいいのではないか。次は中華をいただいてみたくはある……などと思っていたら案の定閉店していた。納得。だって　美味しくないんだもん！

**★カシミール錦糸町店**

**《墨田区江東橋4−18−8 小西ビル2F（閉店）》**

火曜日だった。

メニューを見ながら、「まあ安くはないけど来てみたかったんだから仕方ないさ」と思っていたのだが、お会計の際にレジに表示された金額を二度見した。500円台。はぁ!? なんとここ、カシミールは、毎週火曜日は全メニュー半額になるのであった！ これは知らないと損である。ところが味はまったく500円台とは思えないほどしっかりとしたルゥの味、そして大きなナンである。メニューの種類も豊富なので、平素はあまり頼んだことのないメニューもチャレンジしてみるのもいいかもしれないと思っていた矢先の閉店であった。

**★心地良風堂**

**《千代田区西神田2−7−14 YS西神田ビル1階（閉店）》**

ロハス、ヨガ、ヘルシー、ナチュラル……私はこの手の感覚が苦手である。にもかかわらず何を血迷ったのか、看板の「カレー」の文字に釣られて入ってしまった。家庭で作るルゥを溶かしたカレーにガラムマサラを入れただけで、具を野菜のみで作っただけのカレーである。そしてたんぱく質が入っていない。ヘルシー志向、菜食主義なのがロハスでナチュラル、とのことなので仕方ない。

牛だと思っていたものが牛蒡だった。「蒡」が付いてなかったらよかったのに、と思った。ある日、側を通りかかったら「燻し人しんご」という、燻製のお店になっていた。思わずガッツポーズ！ 燻製カレーもあるとのことなので、今度行こうっと。

## ★マハラジャ東京ドームシティラクーア店

**《文京区春日1-1-1　東京ドームシティラクーア2F（閉店）》**

東京ドームシティー内にかつて存在したこちらのお店。さすがにテーマパーク内の店ということだけあって、内装はかなりお洒落だった。マハラジャ系列の店舗はかつてはラクーア、幕張など、日常ではなく祝祭としての意味合いが多い場所に存在していた。お洒落な内装を効果的に用い、非日常感をより強く演出している。料理には食品添加物を一切使用していないとのことであり、確かに身体によさそうな味はしたが、正直特筆すべきことはない。そして続々と閉店していった印象だ。

## ★マハラジャ幕張店

**《千葉市美浜区中瀬2-6　ワールドビジネスガーデン　マリブダイニング3F（閉店）》**

サラサラめのルゥとナンが食べられるという流行に乗った感じだった。

幕張メッセのイベント帰りに非常に便利な立地であり、素敵な思い出作りに一役買ってくれそうなお店だったのになあ。

## ★ガネーシャ・ガル　御茶ノ水店

**《千代田区神田小川町3-11-2　インペリアル御茶ノ水B　105》**

ランチはボリュームを落として値段を下げている店が

多いが、こちらはランチにもかかわらずナンが60センチくらいはありそうなくらい大きかった。そしてルゥもたっぷり。味は濃すぎないが、まったく物足りなさを感じさせない味なので、量が多くても苦しくならない。閉店は悔やまれる。

**★スパイスピエロ**
**《六本木7-14-3 六本木Xeビル B1F》**

本当に！ 美味しかったのに！

確かに他のスープカレー店と差別化できてはいないとは思うが、別に同じようなスープカレー店がこの近くにあるわけではないし、そもそも六本木はそこまでカレーパラダイス地帯ではないので、十分生き残ることができたのではないか……と思うにつけても、またこの街から居場所がなくなっちゃったなあと、ただただ寂しい。

そもそも札幌スープカレーが完全にオワコンなんだろう。

**★ Carrife by ETHIOPIA**
**《横浜市神奈川区金港町1-10 横浜ベイクオーター3F閉店》**

なんと、あの有名漢方専門店……じゃなかった、有名カレー専門店エチオピア（154ページ）

が、カフェスタイルのお店を出店？　しかもベイクオーター内に？　んあ？　と思ったが、なるほど、これはエチオピア本店の要素も上手に残しつつ、女子向けにアレンジが成功している。エチオピア、恐ろしい子！

しかし、2016年1月に閉店してしまった。これはつまり、横浜ではエチオピア系カレーを食べることができなくなってしまった、ということだ。

★ jawa―jawa

《千代田区西神田2-2-13　白鳳ビルB1F》

つらい。涙がとまらない。壁にスプレーで描かれた絵の臭いとカレーの香りは、どう頑張ったって合うわけがないし、生臭さを残した具を使用したカレーが美味しいわけがないし、これを昼食に選択してしまった自分のふがいなさに涙を禁じえない。こういうときに思う。保守的だとのしられようが、大きく外れる可能性が極端に低いとされるラーメンを食べればよかったと。カウンターである存在に魂を売り渡してしまいそうになるくらい、まずいカレーというのは存在する。閉店は当然。

★ MANEKIYA

《千代田区西神田2-4-9（閉店）》

女性が好きそうな猫モチーフのカフェ。ちなみに可愛いのは猫であって、猫が可愛いと騒いでる女性が可愛いわけではないことをこの機会にはっきりさせておく。落ち着ける雰囲気ではないし、メニューも家庭的でわざわざカフェで食べるほどでもな

いものばかり。その中の一つがチキンカレー。家庭のカレーに気持ちばかり香辛料を入れ、盛りつけに少し気を遣っただけのものに見える。強いて言えば丸ごとチキンレッグを煮込んでいる点は、家庭のカレーとの差別化に成功しているだろう。ちなみに、このお店の話ではなく一般論として、あまり美味しくない外食カレーライスの上には、パセリを刻んだものらしき緑の粉がふりかけられているような気がする。それを散らすことによって、家カレーとは違うといいたいのだろうが、一緒、あるいはそれ以下である。

**★東京キッチン**

**《目黒区鷹番3―18―21（閉店）》**

カレーとナンのテイクアウト専門店。手軽にカレーが楽しめる。辛すぎないルーは子どもにも人気。ナンは少し固め。

**★カリカル原宿店**

**《渋谷区神宮前4―29―7 原宿V―1ビル2F（閉店）》**

種類が多く、印度風か欧風を選べるのはありがたい。割とアーモンドが多めで、パリパリしているということのポイントは高い。

しかし、極めて普通。なんてことはない。

店の雰囲気はいいので、原宿でほっと一息つく場所として使っていた。

# 自作カレーを自己レビュー

自炊が大嫌いなのですが、ごくまれに化学実験という体で行うこともあります。

ここでは、かつて作ったことのあるものを紹介します。

## ♬オムカレー

ルゥを小麦粉から作りました。とろみの良き加減を察するのが難しかったです。和風キーマを目指したので、めんつゆなども入れてみました。

## ♬ホワイトカレー

チャボ（神保町）のホワイトカレーを目指して作ってみたものの、似ても似つかぬ代物ができあがってしまいました。

ホールの唐辛子が強すぎたというのと、カレーから黄色を消そうとすると、ターメリックの使用量を抑えねばならないので、カレーっぽい味ではなかったなあ。出汁が効いてない白っぽい純豆腐のような何かでした。

## ♬南インド風カレー

カーマ（神保町）に、ほうれん草をペーストせず入れたものを目指してみました。すなわちとろみのない南インド系です。タマネギをみじん切りにしたものをササミとともに炒めて、トマトをぶちこみます。スパイスを入れまくりました。配分は適当ですが、カルダモンが多めだったような気がします。

ジャガイモではなく、ヤマイモを使いましたが、結構美味しかったです。自画自賛するくらいには美味しかったっす。

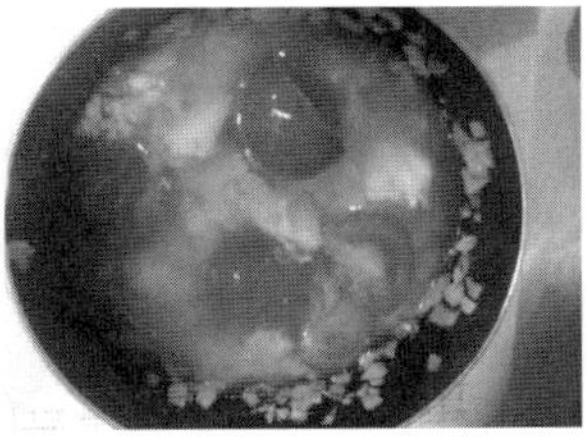

## ♬超絶☆欧風カレー

特に何の変哲もない家で作る欧風カレー……で、やめときゃいいのですが、何故かバカみたいにニンニクを入れました。

## ♬チキンマサラティッカ

はじめて作ったカレーにして、最高の出来です（笑）ビギナーズラック！ヨーグルトにコリアンダー、クミン、レッドペッパー、ターメリック、シナモン、クローブ、カルダモン、しょうが、にんにく、塩を混ぜ、鶏肉を2時間ほど漬けます。その鶏肉を焼きながら、トマトと先述のスパイスをぶちこみ、最後に生クリームをかけてみました。驚くほど美味しかったです。自宅でここまでできるとは思いませんでした。

## ♬バターマサラ

上記のチキンマサラティッカをバターで炒めてじっくりと作ってみました。

ここまでくると、本当に家か？　ここ？　みたいなスーパー自画自賛モードに（笑）

## ♬タイ風バナナカレー

ニュアンスがタイ風なだけです。

ココナッツミルクやタイカレーペーストがどこに売っているのか分からなかったので（普通にスーパーで売ってますよね）、バナナで代用してみました。適当すぎます。

そして当時はミキサーを買うお金もなかったので、炒めたカシューナッツは、お玉でつぶしていました（笑）

### ♬ストロベリー・サグ・パニール

普通のサグパニールを作ればよかったのですが、苺を入れてみました。トマトペーストと、ほうれん草ペーストは1対1くらいの割合です。そこにちょこっと苺ペースト、といった感じです。

そして、ミキサーがないため、割り箸ですりつぶしてペーストを作っていました（笑）

### ♬ブラウン・ビンダルー

自分で作ったカレーの中では間違いなく上位です。ビンダルーを自己解釈して、半日くらいかけて作った超大作（笑）これがビンダルかどうかは置いておいて、どこにもないものができたと思います。りんご酢とホールのローリエ、唐辛子が良い感じでした。

## ♬タイカレー

タイ風のカレーではなく、紛うことなきタイカレー（グリーン）でございます。

イギリスのお土産でいただいたタイカレーペースト（ややこしいぜ）を使って、チキンとたけのこ、インゲンを具として採用し、ナンプラーで仕上げてみました。

この頃になると、ココナッツミルクがスーパーで買えるということが分かるようになっていたので、ガンガン使いました。かなりタイカレー感あるカレーです。

## ♬ターメリックライス

ターメリックライスに関しては、炊飯器にパウダーのターメリックを20振りして、固形バターをひとかけら入れて炊けばすぐにできます。一時は白米よりも頻繁に炊いてました。

ちなみに、ターメリックライスとサフランライスは、混同されがちですが実は異なります。ターメリックはウコンですが、サフランライスのサフランは、10g採取するために1500輪の花が必要らしい超高級品なので初潮を迎えたときなど、特別におめでたい席などに作るべきですよね～（赤飯？）。キャラウェイシードなどを加えて炊いてもよいですが、結構ギョッとするビジュアルに炊き上がります。つぶつぶ。

♬**チャパティ**

こちらも、小麦粉と塩、油を少し混ぜて、こねて、薄くのばしてフライパンで焼いたら割と簡単にできました。タンドール釜が自宅にないので、これが精一杯です。

♬**ソラマメのクミン炒め**

アールティ（秋葉原）のコースの前菜で出てきた、ソラマメのクミン炒めが非常に美味しかったので、再現に挑戦。

塩とクミンでソラマメを炒めるだけで美味しいなんて素晴らしすぎます!!　お店には敵わないんだけど。

♬**ぬいぐるみ**

ナンが好きすぎて愛おしくなってぬいぐるみを作ってしまいました（笑）

手芸の経験は一度もありませんが！

その後、小さいストラップも作り始めました。

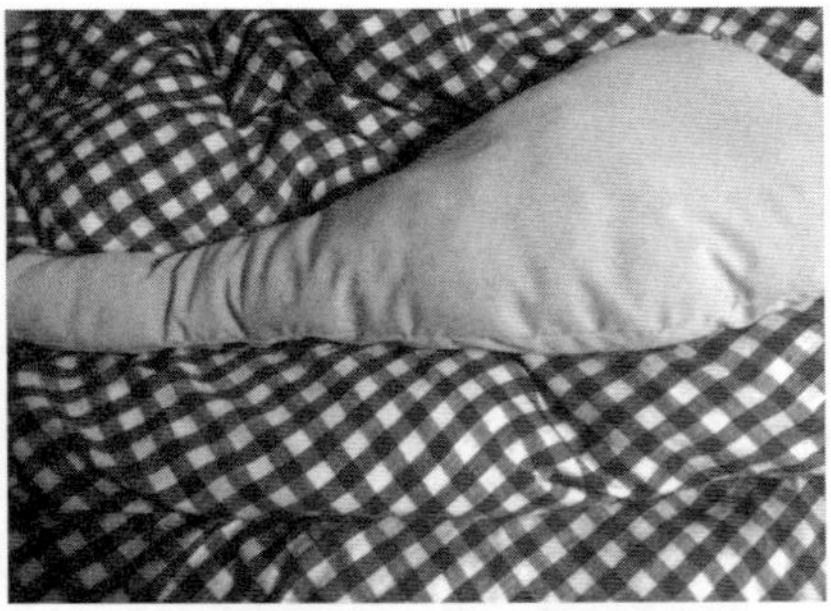

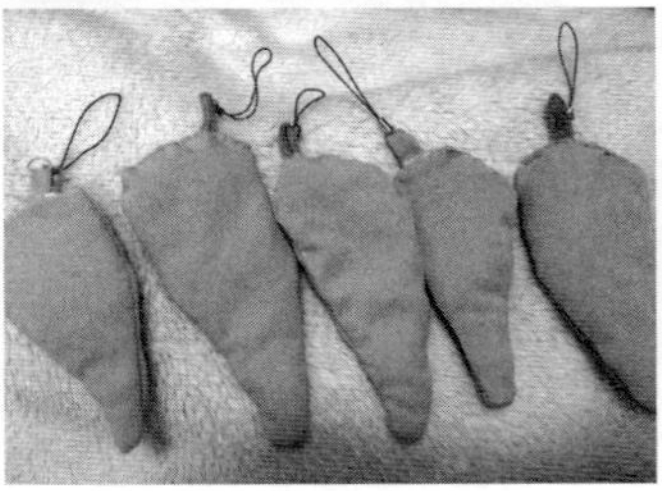

以上、私がこれまでに作ったカレーの一部をご紹介しました（カレーじゃない／もはや食べ物ですらないものもありましたが）。

一時はこのように、自作カレーに凝っていたのです。

しかし、ハマるとキリがありませんでした。スパイスの調合に凝りはじめ、自炊はいつしか化学実験と化し、挙句の果てには休日は1日中スパイスの調合と、ミキサーではなくお玉を使った食材のペーストに集中していました（笑）

この、あまりにも大変な作業に「自炊とはなんて過酷なのだ……」と、思うようになり（勘違いでしかないのですが）、カレーの自作、ついでに、自炊自体からも遠のいてしまいました。

自炊はやっぱり、素人がやるもんじゃね〜な〜〜‼ってなわけで、今では、カレーに限らず、半年に一度自炊をするかしないかというヤバい状況です。まあ、外食した方が安いし楽しいし美味しいし台所は汚れないし、メリットしかないので。

作りたいカレーの種類にあわせてそれぞれのスパイスの割合を変えたりして、いろいろな種類のカレーを作っていました。

ちなみに基本的に、

ターメリック：クミン：コリアンダー：カルダモン：チリペッパー：

塩・胡椒＝20:12.5:12.5:4:1

に調合し、ここにその他のスパイスを入れて風味を足すことが多かったです。

実はカレー味というのは、ターメリック、クミン、コリアンダーの3つのスパイスさえあればだいたい再現できてしまうので、他のスパイスを上手に使うことで、いくらでも自分好みの味にできました。

この3つ以外のスパイスで主に重要なのは、チリペッパーとカルダモンだと思います。この基本調合をもとに、チリペッパーで辛さを調節したり、カルダモンの量を試してみたりしていました。

そして最も重要な調味料。それは塩です！　塩が欠けるとまったくカレーの味が引き立たず無味のような印象さえも受けてしまうので、本当に塩を大切に使っていました。

胡椒は欧風カレーによく合います。

あ～！　また自作カレー作りたくなってきました（笑）

# みんなのカレーをいただきまゆゆ〜☆

カレー好きと言っていると、いろいろな方からカレーや、それにまつわるさまざまなものをいただきます。ありがたいことです〜。今回はそんな他力本願カレーコレクションをご紹介！

**★とんとんカレー**

群馬のお土産！

**★富良野　唯我独尊カレー**

北海道物産展のお土産です。カレーじゃがは、丸ごとのじゃがいもに、なんとカレーのルゥが入っていました！　う、うまい……！　衝撃のじゃがいもです！

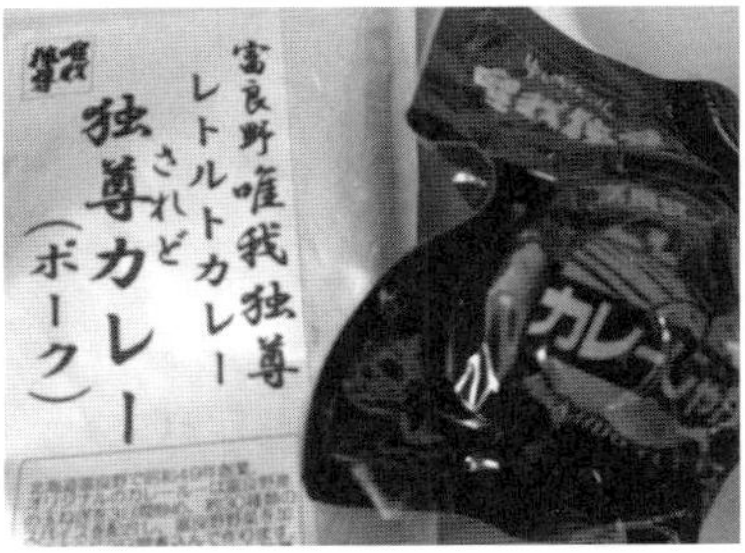

**★井上スパイス工場のカレー粉**

かなりサラサラで美味しかったです。工場の見学もできると知り、伺いました。カレー粉のみならず、スパイスについて、非常に勉強になりました。

**★スープカレーGARAKUのガラムマサラ**

札幌の有名店、スープカレーGARAKUのガラムマサラ、その名も「GARAKUマサラ」！これさえあれば、一気に専門店っぽい味のカレーになります。

自宅スープカレーライフがはかどります。

**★福島牛ビーフカレー**

福島のお土産！　普通に美味しい。ネットで購入も可能。

**★台湾のカレー**

どうやらチキンカレーと書いてあるようです。

**★イギリスのタイカレーペースト**

イギリスのお土産ですが、タイカレーペーストです。

相当本格的でした。これにココナッツミルクを加えてタイカレーを作ります。

(↓こちらのペーストを使って作ったカレーについては２０９ページをご覧ください)。

### ★マギーのインスタントカレー麺

あのマギーブイヨンのマギー。インドのお土産で、向こうでは結構一般的なインスタント麺のようです。作り方も、よくあるインスタント麺と同じですが、スープが少なめに仕上がります。これはかなり美味しかったです！　一袋が少量なので、小腹が減ったときに最適です。日本のコンビニで売ってくれ〜。もし売ってくれたらヘビロテします。

**★よこすか海軍　カレーラムネ**

横須賀のお土産でいただきました。珍しい！　可愛い！
味は……ああ……うん……

**★沖縄あぐーカレー**

あぐーとは沖縄で豚肉のこと。
沖縄らしさはあまり感じませんが、美味しいです。

**★ SPAM カレー**

これは沖縄っぽい！　あの SPAM がたっぷり入ったカレー。かなり満足！

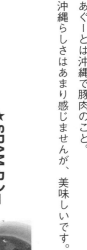

**★マレーシアのココナッツミルク**

Malaysiaと書いてあるので多分マレーシアのお土産です。カレールウ。

**★ＪＡ小松市のカレー**

石川県小松市のＪＡさんのカレー。

かなり売れている模様。確かにレトルトカレーにありがちな粉っぽいとろみでごまかされている感じはなく、フルーティーでサラサラスパイシーでした。

**★バターマサラチキン**

カレーが好きだというと、手作りをいただくことも（笑）

なぜこんなに本格的なカレーを上手に作れるんでしょうか？　ヨーグルトの酸味が絶妙。

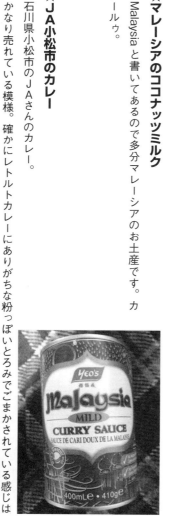

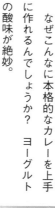

## ◉おわりに――カレーと俺と

カレーにハマってからは、カレーに関する活動をいろいろと行ってきました。

そんなカレーとの思い出を少し紹介します。


高田馬場mayaにて。

カレーに関するミニコミ誌を出版し始めていた頃です。何となく読者もついてきた頃です。

それにしてもナンがデカイ（笑）

チャントーヤにて。
一度はチャントーヤに連れて行きたがります（笑）

かつては毎週のようにカレーUstreamを配信していました。
今週行った店の写真をスライドで出して、トークしたりしていましたねえ。
背後には、『ガラム政宗』のデカいポスターが（笑）

非常にありがたいことに、取材していただくことも多くあります。

相手が求めている結論を推測して、ベストな回答をするというのはなかなか難しい作業だなあと知りました。

そして「美味しいお店ランキングを教えてほしい」という問いには、なかなか答えられない！　なぜなら、人は誰しも、あなただけの運命のカレーというのがあるから。取材のときはいつも、あなただけのカレーをあなたの力で見つけるために、お手伝いできることがあればいいなあと思っています。この本を書いた理由も同じです！

スパイス居酒屋の店主・トニーさんと。

つき合ってるのかよってくらいの密着度（笑）

江古田を適当に歩いていたら発見した、レトルトカレーと缶詰の Instant Plus ＋というお店‼

撮影のお願いをしたら、快くＯＫしてくださり、しかもシャッターまで押してくださいました。

レトルトカレーは約１６０種類、缶詰は約１００種類とりそろえているそうです～!!
幸せそうな自分にワロタ。

２０１６年7月

手条萌

著者＝手条 萌（てじょう・もえ）

カレー評論家と名乗りたいフードリバタリアン。
美味しいものしか食べたくない20代キモヲタ社会人。
生まれてから現在のエリア＝広島→横浜→神保町→六本木

・カレーミニコミ「ガラム政宗」シリーズ既刊!!
『ガラム政宗』（2012年）、『ガラム政宗 vol.2』（2012年）、『ガラム政宗 新春特別号』（2013年）、『ガラム政宗 vol.3』（2013年）→シカク、comic zinにて発売中!!

・その他ミニコミ
『渋谷から渋谷への長い坂道の途中で、次の季節を迎えるために。』（2016年）
→豊田利晃監督映画の評論本です。comic zin、タコシェにて発売中!!

★ SNS&blog
Twitter:@tejoumoe
Instagram: https://www.instagram.com/tejoumoe/
blog:「カレー神話解体」http://ameblo.jp/curryculture/

＊カバーイラスト：エモリハルヒコ


カレーの愛《あい》し方《かた》、殺《ころ》し方《かた》♥

2016年9月12日　初版第一刷

著　者　手条 萌 ©2016
発行者　竹内淳夫
発行所　株式会社 彩流社
〒102-0071 東京都千代田区富士見2-2-2
電話　03-3234-5931
FAX　03-3234-5932
http://www.sairyusha.co.jp/

編　集　出口綾子
装　丁　福田真一［DEN GRAPHICS］
印　刷　明和印刷株式会社
製　本　株式会社村上製本所

Printed in Japan　ISBN978-4-7791-2198-2　C0039
定価はカバーに表示してあります。乱丁・落丁本はお取り替えいたします。